X 1490.
V. d.

COURS COMPLET

DE

LANGUE ALLEMANDE.

TOME I.

GRAMMAIRE.

SE TROUVE AUSSI:

CHEZ BOBÉE ET HINGRAY, LIBRAIRES,

RUE DE RICHELIEU, N° 14.

IMPRIMÉ CHEZ PAUL RENOUARD, RUE GARANCIÈRE, N° 5.

GRAMMAIRE
ALLEMANDE,

A L'USAGE

DES COLLÈGES ET MAISONS D'ÉDUCATION,

Par M. M. Le Bas et Regnier,

PROFESSEURS AGRÉGÉS AU COLLÈGE DE SAINT-LOUIS.

PARIS,
LIBRAIRIE CLASSIQUE DE L. HACHETTE,
ANCIEN ÉLÈVE DE L'ÉCOLE NORMALE,
RUE PIERRE-SARRAZIN, N° 12.

1830.

PRÉFACE.

Depuis long-temps on convient que l'étude des langues vivantes est le complément indispensable d'une éducation solide; depuis long-temps aussi, nos voisins ont fait plus que reconnaître ce principe, ils l'ont mis en pratique; et, soit en Allemagne, soit en Angleterre, il n'est pas d'université, pas même de gymnase qui n'ait son professeur de langue et de littérature étrangère. Une mesure aussi sage ne pouvait manquer d'être adoptée en France, et une décision récente, en créant des chaires d'allemand et d'anglais dans tous les collèges royaux, a prouvé que rien de ce qui peut contribuer à perfectionner les études, ne saurait être étranger à la sollicitude de notre Université.

Déjà des hommes d'un talent distingué se sont occupés de faciliter parmi nous l'étude de l'allemand et de l'anglais ; mais leurs travaux antérieurs à la décision dont nous venons de parler ne sauraient convenir entièrement aux élèves de nos collèges. La plupart des personnes auxquelles ces grammaires étaient destinées n'étant pas familiarisées avec les notions essentielles de la grammaire générale, les auteurs s'étaient crus, avec raison, obligés d'en offrir une exposition plus ou moins substantielle. Or, cette partie de leur travail est entièrement superflue pour des enfans qui commencent l'étude de l'allemand et de l'anglais, à une époque où ils ont étudié les grammaires de trois langues, du français, du latin et du grec, et où ils connaissent déjà les rapports généraux de ces langues entre elles. Une grammaire, soit anglaise, soit allemande, destinée à cette classe d'élèves, doit tendre à leur faire saisir un rapport de plus, tout en leur présentant un exposé complet et précis des faits propres à chacune de ces langues.

Tel est le but que nous nous sommes proposé, en offrant cette nouvelle Grammaire allemande à la jeunesse de nos collèges. Si un long séjour en Allemagne qui a développé en nous le goût d'une littérature justement appréciée aujourd'hui, si l'habitude de l'enseignement qui nous a fait connaître les besoins de nos écoles, si l'approbation donnée à notre plan par plusieurs membres éclairés de l'Université ont pu nous inspirer l'espoir de réussir; c'est le desir d'être utiles à la jeunesse qui seul nous a fait surmonter les ennuis d'un long et pénible travail. Car, nous pouvons le dire, nous n'avons rien négligé pour atteindre notre but.

Nous avons consulté et mis à profit les travaux les plus importans qui ont paru sur cette langue, et nous nous plaisons à reconnaître ce que nous devons aux savantes recherches de M. Simon, aux nombreux travaux de M. Heinsius, à l'ouvrage consciencieux de M. Hermann, qui tous ont adopté en partie les bases posées par Adelung, dont la grammaire fait encore autorité. Nous croyons avoir étendu, à notre tour, quelques-unes des fécondes découvertes de nos prédécesseurs. Nous avons ramené le système des déclinaisons à des principes qui nous paraissent plus faciles à saisir; nous avons soumis à des règles la classification proposée par M. Hermann pour les verbes irréguliers; nous avons réuni et présenté avec toute la clarté possible ce qui concerne l'altération des voyelles; enfin, dans la syntaxe, et c'est là surtout ce qu'il y a de nouveau dans notre travail, nous avons montré par des rapprochemens familiers aux élèves les rapports de la langue allemande avec les langues savantes qu'ils étudient.

Nous espérons que MM. les professeurs de langue allemande attachés à nos collèges apprécieront les motifs qui nous ont fait entreprendre ce travail, sur un plan qui tend à faciliter leurs savantes leçons, en donnant pour base à leur enseignement les connaissances que les élèves ont déjà acquises dans les autres langues.

GRAMMAIRE ALLEMANDE.

PREMIÈRE PARTIE.

ALPHABET ALLEMAND.

La langue allemande a 29 lettres, dont voici

LA FIGURE.		LE NOM.	LA VALEUR.
Majuscules.	*Minuscules.*		
𝔄	a	a	a
𝔄̈	ä	a-é	é
𝔅	b	bé	b
ℭ	c	tsé	ts *ou* k
𝔇	d	dé	d
𝔈	e	é	é *ou* e
𝔉	f	eff	f
𝔊	g	ghé	Son guttural, qu'on ne peut représenter par le secours des lettres.
ℌ	h	hâ	h aspirée
ℑ	i	i	i

FIGURE.		NOM.	VALEUR.
Majuscules.	*Minuscules.*		
J	j	iod	i
K	k	ka	k
L	l	ell	l
M	m	emm	m
N	n	enn	n
O	o	o	o
Ö	ö	o-é	eu
P	p	pé	p
Q	q	qou	q
R	r	err	r
S	ſ s	ess	s
T	t	té	t
U	u	ou	ou
Ü	ü	ou-é	u
V	v	faou	f
W	w	vé	v
X	x	iks	x
Y	y	ipsilonn	y
Z	z	tsedd	ts

CONSONNES COMPOSÉES.

Ch	ch	tsé-hâ	Son guttural, qu'on ne peut représenter par le secours des lettres.
Sch	sch	ess-tsé-hâ	ch
	ß	ess-tsedd	s forte
	ck	tsé-ka	k (remplace k k)
	tz	té-tsedd	ts (remplace zz.)

LIVRE PREMIER.

CHAPITRE I.

DES LETTRES (Buchstaben).

Prononciation et classification des lettres.

§ 1.

Se prononcent comme en français, à quelques legères différences près :

a, b, d, f, i, k, l, m, n, o, p, r, s, t,

On ne pourra se faire une idée bien exacte du son de la plupart des autres lettres qu'en les entendant prononcer. Nous essaierons cependant d'indiquer quelques règles :

§ 2. VOYELLES (Selbstlauter)

ä se prononce tantôt comme *é* ou *è*, tantôt comme *ê*. (Il a toujours ce dernier son dans les substantifs en *tät*, dérivés de noms latins en *tas*.)

e a tantôt le son de l'*e* ouvert français, tantôt celui de l'*e* fermé, tantôt celui de l'*e* mi-muet.

Est ouvert et long : 1° l'*e* des monosyllabes (excepté dans des, *du*; et weß, *de qui*); 2° le premier *e* des dissyllabes dont chaque syllabe a un *e*, comme reden, *parler*.

e est fermé dans les mots de deux syllabes qui n'ont
e qu'à la première, comme jemand, *quelqu'un.*

e est mi-muet: 1° lorsqu'il fait seul une terminaison,
ou qu'il adoucit les consonnes finales, comme reden, *parler;* 2° dans les particules initiales, comme
gesagt, *dit.*

ō se prononce comme *eu* dans *feu.*

  u - — — — — *ou.*
  ü - — — — — l'*u* français.
  y - — — — — l'*y* français.

Remarque. I. aa, ee, oo, ne représentent qu'un son simple mais long.

Exception. ee est dissyllabique lorsque les deux e appartiennent à des syllabes différentes, ou lorsqu'ils remplacent trois e, comme Seen, pour Seeen, pluriel de See, *lac.*

II. ie représente i long.

Exceptions. Lorsque ie est pour iee, on sépare dans la prononciation l'i de l'e. Ex.: das Knie, *le genou,* est monosyllabique; mais die Knie, pour die Kniee, *les genoux,* forme deux syllabes.

Dans les mots d'origine étrangère, ie ne forme une seule syllabe que lorsqu'il reçoit l'accent tonique.

§ 3. DIPHTHONGUES (Doppellauter).

Les diphthongues allemandes sont:

  ai (ay), ei (ey), oi (oy), ui,
    au, äu, eu.

Pour prononcer les diphthongues, il faut laisser aux voyelles qui les composent le son qui leur est naturel.

äu n'a pas d'équivalent en français. Le son qu'elle forme se rapproche d'*aü* dans *Saül.*

ri (ep), l'e de ces diphthongues prend un son très ouvert.

eu, la prononciation de cette diphthongue ne peut s'apprendre que de vive voix. Le son qui en résulte répond à-peu-près à celui d'*eui* dans *feuille*.

§ 4. CONSONNES (Mitlauter).

c se prononce comme k devant les voyelles a, o, u, devant toutes les consonnes et à la fin d'une syllabe: comme *ts*, devant ä, e, i.

g se prononce généralement comme en français devant une consonne et devant a, o, u, (excepté devant ung, terminaison de substantifs féminins, où le g admet une articulation gutturale adoucie, comme dans Erniedrigung, *avilissement*.)

Devant i, ö, ü, et e, s'il n'est mi-muet, il se prononce, comme dans les mots français *guide*, *gueux*, *guttural*, *gué*. Les habitans de la Basse-Saxe donnent dans ce cas au g une articulation plus douce, qu'il faut apprendre de vive voix.

On lui donne cette même articulation adoucie devant e mi-muet et à la fin d'une syllabe.

ng forme un son nasal et guttural qui n'a point d'équivalent en français, comme dans fangen, *prendre*.

h s'aspire fortement devant une voyelle, au commencement d'un mot.

Cette aspiration s'adoucit quand le h, suivi d'une voyelle, se trouve au milieu d'un mot.

Elle est presque imperceptible devant e mi-muet, vers la fin d'un mot.

A la fin des mots et devant une consonne il sert simplement à indiquer que la voyelle qui précède est longue.

j se prononce toujours comme *i* dans *faïence*.

q est toujours suivi d'un u et s'articule à-peu-près comme *kw*.

v au commencement et à la fin d'un mot, a le son de l'*f*; au milieu d'un mot, il se rapproche du son de v.

w se prononce comme le *v* français.

x comme *ks*.

z comme *ts*.

§.5. CONSONNES COMPOSÉES. (Doppelmitlauter).

ch (χ des Grecs) a le son de *k* au commencement des mots d'origine grecque ou latine et dans deux mots d'origine allemande qui ne sont plus usités qu'en composition : Char, *passion*, et Chur, *élection*.

Partout ailleurs, il a une aspiration gutturale plus forte que le g et qu'il est impossible de représenter par aucun caractère de l'alphabet français.

chſ se prononcent comme *x*, toutes les fois que les deux consonnes appartiennent à un même radical. Sinon ch conserve son articulation gutturale. *Ex.*: Wachs, *cire* (son de l'*x*); Buchs (Buch=s), génitif de Buch, *livre* (son guttural).

ck remplace le double *k*.

ſch se prononce comme *ch* en français.

ß ne se trouve qu'au milieu et à la fin des mots : il a le son de l'*s* dure.

ß se met à la place de l'*s* redoublée ſſ, toutes les fois que cette dernière, par l'effet de l'inflexion, se trouve à la fin d'un mot, ou qu'elle est suivie d'une autre consonne, ou que la voyelle qui la précède se change en longue. D'un autre côté, ſſ se met à la place de ß, toutes les fois que par suite des inflexions d'un mot elle se trouve placée entre deux voyelles, dont la première est brève.

ß remplace le double z, et ne peut s'employer qu'après une voyelle brève.

CHAPITRE II.

DES MOTS.

Notions préliminaires.

§ 6.

La langue allemande se compose, comme les langues grecque et française, de dix sortes de mots, qu'on peut appeler aussi les parties du discours.

Ce sont, le nom substantif, l'adjectif, l'article, le pronom, le verbe, le participe, la préposition, l'adverbe, la conjonction, l'interjection.

De ces diverses sortes de mots, les uns sont variables, les autres invariables.

Les variables sont le substantif, l'article, le pronom, le verbe, et, dans certains cas, l'adjectif et le participe.

Les invariables sont la préposition, l'adverbe, la conjonction, l'interjection et, dans certains cas, l'adjectif et le participe.

Parmi les mots variables, le substantif, l'adjectif, l'article, ainsi que le pronom et le participe, sont susceptibles de nombres, de genres et de cas.

L'allemand n'a que deux *Nombres*, le singulier et le pluriel.

Il a trois *Genres*, le masculin, le féminin et le neutre.

Il a quatre *Cas*, le nominatif, le génitif, le datif et l'accusatif.

Le vocatif, en allemand, ne se distingue pas du nominatif.

L'ablatif est représenté par le datif, précédé d'une préposition.

L'allemand a cela de particulier qu'aucune espèce de mots ne détermine le genre au pluriel.

Nous déclinerons d'abord l'article dont la connaissance facilitera l'étude des déclinaisons.

---

§ 7. DE L'ARTICLE (Geschlechtswort).

En allemand, comme en français, on distingue deux sortes d'articles : l'article défini, et l'article indéfini.

DÉCLINAISON DE L'ARTICLE DÉFINI.

Singulier.

Masculin.	*Féminin.*	*Neutre.*
N. der, le;	die, la;	das, le;
G. des, du;	der, de la;	des, du;
D. dem, au;	der, à la;	dem, au;
A. den, le.	die, la.	das, le.

Pluriel commun aux trois genres.

N. die, les;
G. der, des;
D. den, aux;
A. die, les.

Remarque I. L'article défini prête sa terminaison à l'article indéfini, à la plupart des pronoms, aux adjectifs et aux participes dans certains cas et sauf quelques modifications. On appelle terminaisons de l'article les lettres qui suivent le d. Dans les cas en ie les mots qui empruntent la terminaison de l'article ne prennent que l'e : au nominatif et à l'accusatif neutre singulier, ils changent l'a en e.

Remarque II. 1° Le génitif et le datif neutre sont semblables aux mêmes cas du masculin.

2° Il n'existe point de différence entre le génitif et le datif féminin.

3° Au masculin seulement, l'accusatif diffère du nominatif.

4° Le pluriel ne diffère du singulier féminin que par le datif qui est en n. (Cette lettre est la terminaison du datif de tous les mots déclinables, si l'on en excepte quelques pronoms personnels.)

§ 8. DÉCLINAISON DE L'ARTICLE INDÉFINI.

Singulier.

Masculin.	Fémin.	Neutre.
N. ein (einer), un;	eine, une;	ein (eines), un;
G. eines,	einer,	eines,
D. einem,	einer,	einem,
A. einen.	eine.	ein.

Remarque. L'article indéfini se rapporte toujours à un substantif exprimé ou sous-entendu ; dans ce dernier cas, le nominatif masculin est einer et le neutre eines.

§ 9.

DÉCLINAISON DU NOM SUBSTANTIF (Hauptwort).

Les grammairiens allemands ne sont pas d'accord entre eux sur le nombre des déclinaisons. Les uns en admettent huit; d'autres, cinq ou quatre et d'autres, trois. Il en est même quelques-uns qui, sans reconnaître de déclinaisons, se contentent d'établir quelques règles générales qui doivent y suppléer.

Le système de Heinsius, qui n'admet que trois déclinaisons, nous a paru s'appliquer parfaitement au singulier ; mais pour le pluriel nous serons obligés de nous borner à quelques principes généraux ; car il est impossible de reconnaître, par les terminaisons du singulier, quelles doivent être celles du pluriel.

A. SINGULIER.

§ 10.

Le nominatif n'a point de terminaison particulière, qui puisse servir de caractère distinctif aux diverses déclinaisons.

Le génitif se termine en s (es - ns) en n (en) ou bien il ressemble au nominatif.

Le datif se termine en e, en, n, ou bien il est semblable au nominatif.

L'accusatif est en en, n, ou semblable au nominatif.

§ 11.

Ce seront les terminaisons du génitif singulier qui

nous serviront à distinguer les diverses déclinaisons.

La première aura le génitif singulier en s.

La seconde, en n.

La troisième aura le génitif semblable au nominatif.

§ 12.

PREMIÈRE DÉCLINAISON.

La première déclinaison comprend tous les substantifs neutres et la plupart des substantifs masculins.

Elle a le génitif en s.

  I. N. der Himmel, le ciel;
   G. des Himmels, du ciel;
   D. dem Himmel, au ciel;
   A. den Himmel, le ciel.

Ainsi se déclinent les substantifs masculins et neutres en el, em, en et er, les neutres en e, chen et lein et quelques autres dont la terminaison n'a pas besoin d'être adoucie, comme :

  Der Spiegel, le miroir.
  Der Athem, la respiration.
  Der Degen, l'épée.
  Der Vater, le père.
  Das Auge, l'œil.
  Das Mädchen, la jeune fille.
  Das Fräulein, la demoiselle noble..

II. Mais, dans la plupart des autres substantifs, lorsque l'euphonie le demande, on peut faire précéder d'un e l's du génitif et conserver cet e au datif. On néglige presque toujours cet adoucissement, dans le style familier; mais il est nécessaire dans les substantifs en s, z, zt, ß, tz, et dans tous ceux dont la terminaison serait trop dure. Ex. :

N. das Harz, la résine;
G. des Harzes,
D. dem Harz (e) *,
A. das Harz.

Autre exemple :

N. das Dorf, le village;
G. des Dorf(e)s,
D. dem Dorf(e),
A. das Dorf.

Déclinez

sur Harz :

Das Haus, la maison.
Der Tisch, la table.
Der Fuß, le pied.
Das Gesetz, la loi.
Der Arzt, le médecin.

sur Dorf :

Das Land, le pays.
Das Kind, l'enfant.
Der Mann, l'homme.
Der Hut, le chapeau.
Der Wein, le vin.

Tous les substantifs qui font le génitif en es ou en s, ont l'accusatif semblable au nominatif.

Dans tous les mots déclinables, l'accusatif neutre est semblable au nominatif.

---

* La parenthèse indique que l'e peut, suivant les circonstances, s'employer ou se supprimer.

III. L'ß du génitif est précédée d'une n dans les noms masculins en e, qui se terminaient autrefois en en et qui, même aujourd'hui, se présentent encore quelquefois sous cette double forme, comme Funke (Funken), étincelle; Name (Namen), nom; Saame (Saamen) semence, Schade (Schaden), dommage, etc. Joignez-y Schmerz, douleur, et le substantif neutre Herz, cœur, qui font plus souvent le génitif en ens qu'en es. Tous les substantifs masculins et neutres qui ont le génitif en ens, peuvent conserver l'n au datif. Les masculins gardent n ou en même à l'accusatif.

Exemple :

1° N. der Funke, l'étincelle;
    G. des Funkens,
    D. dem Funken,
    A. den Funken.

2° N. der Schmerz, la douleur;
    G. des Schmerzes ou Schmerzens,
    D. dem Schmerz(e) ou Schmerzen,
    A. den Schmerz ou Schmerzen.

§ 13.

SECONDE DÉCLINAISON.

Elle ne comprend que des noms masculins.
Le génitif est en n.
Tous les autres cas sont semblables au génitif.

Exemple :

I.   N. der Knabe, le garçon;
      G. des Knaben, du garçon;
      D. dem Knaben, au garçon;
      A. den Knaben, le garçon.

II. La plupart des substantifs de cette déclinaison, qui se terminent au nominatif par une consonne, font précéder d'un e l'n du genitif.

Exemple :

N. der Bär, l'ours;
G. des Bären,
D. dem Bären,
A. den Bären.

Ce n'est que dans cette déclinaison qu'on peut déterminer le pluriel par le singulier. Il ressemble, dans tous ses cas, au génitif singulier.

Déclinez

sur Knabe :

der Affe, le singe;
der Erbe, l'héritier;
der Hase, le lièvre;
der Löwe, le lion;
der Ochse, le bœuf;
der Riese, le géant;

sur Bär :

der Fels, le rocher;
der Prinz, le prince;
der Gesell, le compagnon;
der Graf, le comte;
der Mohr, le Maure;
der Narr, le fou.

§ 14.

TROISIÈME DÉCLINAISON.

Elle renferme tous les noms féminins.

Elle se distingue des deux autres, en ce qu'elle ne prend aucune inflexion au singulier.

Exemple :

N. die Frau, la femme;
G. der Frau,
D. der Frau,
A. die Frau.

Déclinez ainsi :

die Ameise, la fourmi;	die Birne, la poire;
die Biene, l'abeille;	die Tugend, la vertu;
die Schrift, l'écriture;	die Thür, la porte;
die Luft, l'air;	die Haut, la peau.

B. PLURIEL.

Les distinctions que nous avons établies jusqu'à présent ne peuvent s'appliquer qu'au singulier des substantifs. Dans la première et dans la troisième déclinaisons, le pluriel ne peut être déterminé d'après le singulier. Il nous reste donc à établir quelques règles générales qui pourront aider à le former.

§ 15.

Les diverses terminaisons du nominatif pluriel sont e, n, en, er; quelquefois aussi il ressemble au nominatif singulier.

Lorsque le nominatif pluriel est terminé en n, tous les autres cas lui ressemblent.

Lorsque le nominatif pluriel n'est pas terminé en n, le datif seul prend une n, et le génitif et l'accusatif sont semblables au nominatif.

§ 16.

I. *Ont le nominatif pluriel semblable au nominatif singulier :*

1° Les noms masculins et neutres de la première déclinaison, en el, er, en et lein.

Exemple :

der Adler, l'aigle.   das Siegel, le cachet.

Pluriel.   Pluriel.

N. die Adler,   die Siegel,
G. der Adler,   der Siegel,
D. den Adlern,   den Siegeln,
A. die Adler.   die Siegel.

Excepté :

Singulier. Der Stiefel, la botte ;
der Wimpel, l'oriflamme.

Pluriel. Die Stiefel ou Stiefeln ;
die Wimpel ou Wimpeln,

et les huit noms suivans qui prennent tous un n au nominatif pluriel :

Der After, l'anus ;
der Bauer, le paysan ;
der Bayer, le Bavarois ;
der Neger, le nègre ;
der Pantoffel, la pantoufle ;

der Stachel, l'aiguillon ;
der Vetter, le cousin ;
der Gevatter, le compère.

Quelques grammairiens prétendent que ces divers noms doivent rentrer dans la règle générale ; mais l'usage paraît s'y opposer.

2° Tous les substantifs neutres en e, qui commencent par l'une des particules be ou ge.

Exemple :

das Gehäuse, la boîte d'une montre.

Pluriel.

N. die Gehäuse,
G. der Gehäuse,
D. den Gehäusen,
A. die Gehäuse.

§ 17.

II. *Prennent e au nominatif pluriel :*

1° Les substantifs en ling (qui sont tous masculins).

Exemple :

der Frembling, l'étranger.

Pluriel.

N. die Fremblinge, les étrangers ;
G. der Fremblinge,
D. den Fremblingen,
A. die Fremblinge.

2° Les substantifs féminins ou neutres en iß, qui en même temps changent ß en ff. (*Voy.* § 5.)

Exemple:

das Geheimniß, le secret.

Pluriel.

N. die Geheimniffe, les secrets;
G. der Geheimniffe,
D. den Geheimniffen,
A. die Geheimniffe.

3° Plusieurs autres substantifs de divers genres, au sujet desquels il est impossible d'établir des règles générales, comme der Bock, le bouc; die Böcke, les boucs; die Hand, la main; die Hände, les mains; das Fell, la peau; die Felle, les peaux.

§ .18.

III. *Prennent une* n *au pluriel :*

1° Tous les substantifs de la première déclinaison, qui ont au nominatif singulier la double terminaison e ou en.

Exemple :

der Funke ou Funken, l'étincelle.

Pluriel.

N. die Funken, les étincelles, etc.

2° Tous les substantifs de la seconde déclinaison, terminés en e.

Exemple :

der Affe, le singe.

Pluriel.

die Affen, les singes.

3° Tous les substantifs féminins en el ou en er.

Exemple :

die Ader, la veine.

Pluriel.

die Adern, les veines.

Excepté : die Mutter, la mère.

Pluriel.

die Mütter, les mères.

et die Tochter, la fille.

Pluriel.

die Töchter, les filles.

§ 19.

IV. *Prennent* en *au pluriel :*

1° Tous les substantifs de la deuxième déclinaison, qui ne sont pas terminés en e.

Exemple :

der Bär, l'ours.

Pluriel.

die Bären, les ours.

2° Les substantifs en end, ey, heit, inn, keit, schaft, ung, qui sont tous féminins.

Exemples :

S. die Tugend, la vertu,
P. die Tugenden, les vertus.
S. die Schmeicheley, la flatterie;
P. die Schmeicheleyen.
S. die Begebenheit, l'évènement;
P. die Begebenheiten.
S. die Königinn, la reine;
P. die Königinnen.
S. die Kleinigkeit, la chose de peu de valeur;
P. die Kleinigkeiten.
S. die Wissenschaft, la connaissance;
P. die Wissenschaften.
S. die Meinung, l'opinion;
P. die Meinungen.

Excepté der Hornung, le mois de février.
P. die Hornunge.

On ne peut pas considérer comme des exceptions les mots suivans, où les syllabes dont nous venons de parler font partie du radical.

das Ey, l'œuf; die Eyer, les œufs.
der Schrey, le cri; die Schreye, les cris.

3° Les substantifs en ion, dérivés de mots latins en io.

Exemple :

die Legion (*legio*).

Pluriel.

die Legionen.

4° Les substantifs en or empruntés à la langue latine.

Exemple :

der Professor,
die Professoren.

§ 20.

V. *Font le pluriel en* er :

1° Les substantifs masculins ou neutres en thum.

Exemple :

der Reichthum, la richesse;
die Reichthümer, les richesses.

2° La plupart des substantifs neutres, et en particulier tous ceux qui se terminent en ach, och, uch.

Exemple :

das Loch, le trou;
die Löcher, les trous;
das Dach, le toit;
die Dächer, les toits;
das Buch, le livre;
die Bücher, les livres.

3° Quelques substantifs masculins, comme Gott, Dieu; die Götter, les dieux; der Mann, l'homme; die Männer, etc.

Tous les substantifs de cette cinquième classe changent au pluriel en ä, ö, ü, les voyelles a, o, u, du singulier.

Cette inflexion a aussi lieu fort souvent dans les autres classes; mais il nous paraît impossible de donner à ce sujet des règles bien précises. (*Voy.* le dernier chapitre du supplément.)

Exemple :

der Schlund, le gouffre ;
die Schlünde, les gouffres.
der Vater, le père ;
die Väter, les pères.

Les règles que nous venons d'établir pour la formation du pluriel, sont loin d'embrasser tous les substantifs allemands ; mais l'usage pourra seul suppléer à ce qu'il y a d'incomplet dans ces principes.

§ 21.

TABLEAU RÉSUMÉ DE LA DÉCLINAISON DES SUBSTANTIFS.

SINGULIER.

1re DÉCLINAISON.	2e DÉCLIN.	3e DÉCLIN.
N.		
G. s (es, ns, ens).	en, n.	Tous les cas semblables au nominatif.
D. e, n ou semblable au nominatif.	en, n.	
A. n ou semblable au nominatif.	en, n.	

PLURIEL.

§ 18 et 19.	§ 16, 17 et 20.
N. n, en,	e, er ou semblable au nominatif sing.
G. n, en,	semblable au nominatif.
D. n, en,	prend n.
A. n, en.	semblable au nominatif.

DE L'ADJECTIF (Eigenschaftswort).

§ 22.

Lorsque l'adjectif est employé comme attribut, et qu'il est lié au substantif par le secours d'un mot intermédiaire, il ne prend pas de terminaison et demeure invariable à tous les genres et à tous les nombres. *Ex.*:

der Vater, le père,
die Mutter, la mère,
das Kind, l'enfant,
} ist gut, est bon, bonne, bon.

die Väter, les pères,
die Mütter, les mères,
die Kinder, les enfans,
} sind gut, sont bons, bonnes, bons.

(*Voy.* Syntaxe des adjectifs.)

§ 23.

Lorsque l'adjectif est construit seul avec le substantif, il devient déclinable.

§ 24.

I. Si l'adjectif précède immédiatement le substantif, sans être lui-même précédé de l'article défini, ni d'aucun mot qui en adopte les terminaisons, il emprunte les terminaisons de l'article (*Voy.* § 7). *Ex.*:

Singulier.

Masculin.	*Féminin.*	*Neutre.*
N. guter Mann,	gute Frau,	gutes Kind,
bon homme,	bonne femme,	bon enfant.
G. gutes } Mann(e)s, guten }	guter Frau,	gutes } Kind(e)s, guten }
D. gutem Mann(e),	guter Frau,	gutem Kind(e),
A. guten Mann.	gute Frau,	gutes Kind,

Pluriel commun aux trois genres.

N.	gute Männer,	Frauen,	Kinder,
G.	guter Männer,	Frauen,	Kinder,
D.	guten Männern,	Frauen,	Kindern,
A.	gute Männer,	Frauen,	Kinder,

Remarque. 1° Comme il serait trop dur de dire gutes Mannes, le génitif singulier masculin et neutre se termine plus volontiers en en qu'en es.

2° C'est aussi pour raison d'euphonie, que les adjectifs terminés en m, prennent au datif singulier masculin et neutre en au lieu de em. *Ex.* : angenehm, *dat.* angenehmen au lieu d'angenehmem.

§ 25.

II. Si l'adjectif précédant le substantif se trouve lui-même précédé de l'article défini der, ou d'un autre mot adoptant à tous les cas les terminaisons de l'article, comme dieser, jener, *ce;* derselbe, *le même*, etc., il se décline de la manière suivante :

Singulier.

	Masculin.	*Féminin.*	*Neutre.*
N.	der gute Mann,	die gute Frau,	das gute Kind,
G.	des guten Mann(e)s,	der guten Frau,	des guten Kind(e)s.
D.	dem guten Mann(e),	der guten Frau,	dem guten Kind(e),
A.	den guten Mann,	die gute Frau,	das gute Kind.

Pluriel commun aux trois genres.

N.	die guten Männer,	Frauen,	Kinder,
G.	der guten Männer,	Frauen,	Kinder,
D.	den guten Männern,	Frauen,	Kindern,
A.	die guten Männer,	Frauen,	Kinder,

Remarque I. Le nominatif singulier pour les trois genres, et les accusatifs féminin et neutre du même nombre sont terminés en e; tous les autres cas du singulier et du pluriel prennent la désinence en.

Remarque II. L'adjectif perd l'n au nominatif et à l'accusatif pluriel, lorsque le substantif est pris dans un sens indéterminé, c'est-à-dire, lorsqu'il est précédé de l'un des adjectifs alle, *tous;* etliche, einige, *quelques;* manche, *certains;* mehrere, *plusieurs;* wenige, *peu de (pauci)*, etc.

§ 26.

Lorsque l'adjectif est précédé de l'article indéfini ein ou d'un des adjectifs pronominaux possessifs, mein, dein, sein, *mon, ton, son*, etc., ou de l'adjectif indéfini kein, *aucun;* il prend la terminaison de l'article, aux cas où ces mots la perdent, c'est-à-dire au nominatif masculin singulier et au nominatif et à l'accusatif neutres du même nombre. *Ex.* :

Singulier.

Masculin.	*Féminin.*
N. ein guter Mann,	eine gute Frau,
G. eines guten Mann(e)s,	einer guten Frau,
D. einem guten Mann(e),	einer guten Frau,
A. einen guten Mann.	eine gute Frau.

Neutre.

N. ein gutes Kind,
G. eines guten Kind(e)s,
D. einem guten Kind(e),
A. ein gutes Kind.

§ 27.

Ces divers modes de déclinaison (§§ 24, 25 et 26)

s'appliquent non-seulement à l'adjectif qui précède immédiatement le substantif, mais encore à tous les adjectifs dont il pourrait être précédé lui-même.

Ex.: Alter, guter, ehrlicher Mann,
    vieux, bon, honnête homme.
Der alte, gute, ehrliche Mann.
Mein alter, guter, ehrlicher Mann.
    Alte, gute, ehrliche Männer, etc.

Exception. Quand deux ou plusieurs adjectifs ne sont précédés d'aucun autre mot déterminant, le premier seul prend à tous les cas les terminaisons de l'article; les autres suivent la déclinaison de l'adjectif précédé de l'article indéfini (§ 26). *Ex.*:

Singulier.

N. guter weißer Wein, de bon vin blanc,
G. guter ou guten weißen Wein(e)s,
D. gutem weißen Wein(e),
A. guten weißen Wein.

Pluriel.

N. gute weiße Weine,
G. guter weißen Weine,
D. guten weißen Weinen,
A. gute weiße Weine.

COMPARATIFS ET SUPERLATIFS.

Les comparatifs allemands se terminent en er, et les superlatifs en ſte.

§ 28.

Le comparatif se forme du positif, auquel on ajoute la terminaison er. *Ex.* : reich, *riche* ; comparatif : reicher, *plus riche.*

Si l'adjectif se termine en e, on se contente d'y ajouter la lettre r. *Ex.* : blöde, *timide* ; blöder, *plus timide.*

Dans les adjectifs en el ou en er, l'e disparaît ordinairement au comparatif. *Ex.* : eitel, *vain* ; eitler (pour eiteler), *plus vain* ; ſauer, *aigre*, ſaurer (pour ſauerer), *plus aigre.*

§ 29.

Le superlatif se forme du positif, par l'addition de la syllabe ſte. *Ex.* : weiſe, *sage* ; der weiſeſte, *le plus sage* ; glücklich, *heureux* ; der glücklichſte, *le plus heureux.*

Certains adjectifs dont la terminaison serait trop dure, l'adoucissent en prenant au superlatif eſte, au lieu de ſte. *Ex.* : keuſch, *chaste* ; der keuſcheſte, *le plus chaste* ; ſanft, *doux* ; der ſanfteſte, *le plus doux*, etc.

§ 30.

Lorsque la syllabe finale du radical au positif a l'une des lettres a, o, u, on les change en ä, ö, ü, au comparatif et au superlatif. *Ex.* : warm, *chaud* ; wärmer, *plus chaud* ; der wärmſte, *le plus chaud.*

Mais lorsque les lettres a, o, u ne se trouvent point dans la syllabe finale, ou qu'elles ne font point partie du radical, elles demeurent invariables, comme ruhmvoll, *plein de gloire, glorieux* ; ruhmvoller, *plus glorieux* (le radical est ruhm); herzhaft, *courageux*; herzhafter, *plus courageux* (les syllabes haft, bar, sam, ne sont que des terminaisons et ne font jamais partie du radical).

L'inflexion n'a pas lieu non plus, lorsque l'une des lettres, a, o, u, forme diphthongue avec une autre voyelle. *Ex. :* genau, exact, genauer, plus exact.

Elles demeurent encore invariables dans les adjectifs suivans :

abgeschmackt, fade, absurde;
blaß, pâle;
bunt, bigarré;
fahl, fauve;
falsch, faux;
flach, plat;
froh, joyeux;
gerade, droit;
hohl, creux;
hold, gracieux;
kahl, chauve;
karg, avare,
knapp, juste, étroit;
lahm, estropié;
los, détaché;
matt, languissant;
morsch, mou;
munter, éveillé;
nackt, nu;
plump, lourd;
roh, cru;
rund, rond;
sacht, doux, bas;
sanft, doux;
satt, rassasié;
schlaff, lâche;
schlank, délié;
starr, roide;
stolz, orgueilleux;
straff, roide, tendu;
stumm, muet;
stumpf, émoussé;
toll, enragé;
voll, plein;
wahr, vrai;
zahm, apprivoisé.

§ 31.

L'adjectif, hoch, *haut*, perd la lettre c au comparatif höher, *plus haut,* il la reprend au superlatif, der höchste, *le plus haut.*

Nah, *proche,* forme son comparatif régulièrement,

et prend un e au superlatif, der nächste, *le plus proche.*

Gut, *bon,* fait au comparatif besser, et au superlatif der beste.

Viel, *beaucoup,* fait au comparatif mehr, *plus,* au superlatif der meiste, *le plus.*

§ 32.

Les comparatifs et les superlatifs se déclinent d'après les mêmes règles que les adjectifs au positif. (*Voy.* § 22, (23, 24, 25, 26, 27.)

NOMS DE NOMBRE.

§ 33.

I. *Noms de nombre cardinaux.*

Les noms de nombre cardinaux sont :

eins, un;	zwanzig, vingt;
zwey, deux;	ein und zwanzig, vingt-un;
drey, trois;	dreißig, trente;
vier, quatre;	vierzig, quarante;
fünf, cinq;	fünfzig, cinquante;
sechs, six;	sechzig, soixante;
sieben, sept;	siebenzig, soixante-dix;
acht, huit;	achtzig, quatre-vingts;
neun, neuf;	neunzig, quatre-vingt-dix;
zehn, dix;	hundert, cent;
eilf ou elf, onze;	hundert und eins, cent-un;
zwölf, douze;	zwey hundert, deux cents;
dreizehn, treize, etc.	tausend, mille.

tausend acht hundert, mille huit cents; et mieux achtzehn hundert, dix-huit cents;

zwey tausend, deux mille;

zwey tausend und eins, deux mille un ;

hundert tausend, cent mille ;

vier hundert tausend, quatre cent mille ; *ou* vier mal hundert tausend, quatre fois cent mille.

Remarques. Eins, *un*, est le neutre du nom de nombre ein, eine, ein, — einer, eine, ein(e)s, qui se décline comme l'article indéfini ein.

On emploie ce neutre eins, toutes les fois que l'on ne sous-entend aucun objet déterminé masculin ou féminin.

Zwey, *deux*, et drey, *trois*, prennent la terminaison er au genitif et en au datif, quand ils ne sont pas accompagnés de quelque autre mot, dont la terminaison marque suffisamment le cas.

Les autres noms de nombre cardinaux prennent au datif la terminaison en, lorsque le cas n'est pas indiqué par quelqu'un des mots qui les précèdent ou qui les suivent.

§ 34.

II. *Noms de nombre ordinaux.*

Les noms de nombre ordinaux sont de véritables adjectifs ; ils en suivent la déclinaison.

Der erste, le premier ;
— zweyte, second ;
— dritte, troisième ;
— vierte, quatrième ;
— fünfte, cinquième ;
— sechste, sixième ;
— siebente, septième ;

der achte, le huitième ;
— neunte, neuvième ;
— zehnte, dixième ;
— elfte, onzième ;
— zwölfte, douzième ;
— dreizehnte, treizième ;
— neunzehnte, dix-neuvième.

Depuis zweyte, *deuxième*, jusqu'à neunzehnte, *dix-neuvième*, les noms de nombres ordinaux se forment des cardinaux par l'addition de la syllabe te. Tous les autres prennent ſte.

Der zwanzigſte, le vingtième;
der ein und zwanzigſte, le vingt-unième;
der dreißigſte, le trentième;
der vierzigſte, le quarantième;
der funfzigſte, le cinquantième;
der hundertſte, le centième;
der hundert erſte, cent-unième,
der tauſendſte, le millième;
der zweytauſendſte, le deux-millième; etc.

De là se forment, par l'addition des lettres nŝ, les adverbes ordinaux suivans:

erſtens ou erſtlich, premièrement;
zweytens, deuxièmement;
drittens, troisièmement;
viertens, quatrièmement, etc.

§ 35.

III. *Noms de nombre augmentatifs.*

ADJECTIFS.

Les adjectifs numéraux augmentatifs se forment en ajoutant aux nombres cardinaux les syllabes fach, fältig, et les adverbes en ajoutant mal.

Einfach ou einfältig, simple;
zweyfach ou zweyfältig, double;
dreyfach ou dreyfältig, triple;
zehnfach ou zehnfältig, décuple;
hundertfach ou hundertfältig, centuple;
tauſendfach ou tauſendfältig, mille fois autant.

ADVERBES.

Einmal, une fois;
zweymal, deux fois;
dreymal, trois fois;
tausendmal, mille fois; etc.

Lorsque de ces adverbes on veut former des adjectifs, on y ajoute la terminaison ig. *Ex.* :

Eine viermalige Frage, une question faite à quatre reprises.

§ 36.

IV. *Noms de nombre collectifs.*

Ein Paar, une paire;
ein Dutzend, une douzaine;
eine Mandel, une quinzaine;
ein Schock, une soixantaine.

§ 37.

V. *Noms de nombre distributifs.*

Halb, demi;
die Hälfte, la moitié;
das Drittheil, le tiers;
das Viertheil, le quart.

Einzeln, je ein und ein, un à un.
Paarweise, zwey und zwey, deux à deux.
Dutzendweise, par douzaine.

Remarquez ces manières de parler des Allemands :
Anderthalb, un et demi;
dritthalb, deux et demi;
vierthalb, trois et demi, etc.
halb eins, midi et demi;
halb zwey, une heure et demi;
halb drey, deux heures et demi, etc.

ADJECTIFS INDICATIFS OU DÉMONSTRATIFS.

§ 38.

Les adjectifs démonstratifs sont en allemand :

Singulier.

Masculin.	*Féminin.*	*Neutre.*
N. dieser,	diese,	dieses,
ce, cet, celui-ci;	cette, celle-ci;	ce, cet, celui-ci;
G. dieses,	dieser,	dieses,
D. diesem,	dieser,	diesem,
A. diesen.	diese.	dieses.

Pluriel commun aux trois genres.

N. diese,
G. dieser,
D. diesen,
A. diese.

Remarque. Souvent on abrège le nominatif et l'accusatif singulier neutre, et on écrit dies, au lieu de dieses.

Quelques auteurs ont aussi employé l'abréviation dieß, ou diß, mais dies est plus usité.

§ 39.

2°. Jener, Jene, Jenes, *celui-là, celle-là, celui-là.* Déclinez cet adjectif en entier comme dieser, e, es.

§ 40.

3°. Der, die, das (abrégé de dieser) qui s'emploie à la place de dieser et de jener.

Lorsque cet adjectif accompagne un substantif, il se décline comme l'article: il s'en distingue par une prononciation plus accentuée.

Lorsqu'il n'accompagne pas un substantif, il se décline de la manière suivante:

Singulier.

	Masculin.	Féminin.	Neutre.
N.	der,	die,	das,
G.	deſſen (deß),	deren,	deſſen (deß),
D.	dem,	der,	dem,
A.	den,	die,	das.

Pluriel pour les trois genres.

N. die,
G. derer,
D. denen,
A. die.

§ 41.

Joignez à ces adjectifs les mots suivans :

4. derjenige, ce, celui-là, celui ;
5. derſelbe, le même.

Dans ces deux mots, l'article der se décline à tous les cas, et jenige et ſelbe suivent la déclinaison de l'adjectif, précédé de l'article défini. A la place de derſelbe, on dit aussi derſelbige, qui se décline comme derſelbe, et ſelbiger qui se décline comme l'article.

6°. Solcher, tel, pareil.

ADJECTIFS CONJONCTIFS.

§ 42.

En allemand, les adjectifs conjonctifs sont :
1° Welcher, e, es, *qui, lequel, laquelle,* qui se décline comme l'article.

Singulier.

Masculin.	*Féminin.*	*Neutre.*
N. welcher,	welche,	welches,
G. welches,	welcher,	welches,
D. welchem,	welcher,	welchem,
A. welchen,	welche,	welches.

Pluriel commun aux trois genres.

N. welche,
G. welcher,
D. welchen,
A. welche.

§ 43.

2° Der, die, das, *qui,* comme pronom relatif, a la même signification que welcher.

Il se décline comme l'adjectif démonstratif der, (*Voy.* § 40.) non accompagné d'un substantif, avec cette seule différence qu'au génitif pluriel il fait deren au lieu de derer.

§ 44.

3°| Wer, *qui, celui qui* (derjenige=welcher) et was, *ce qui, ce que.*

Wer, se rapporte toujours à des noms de personne, sans distinction de sexe; et was, ne se rapporte jamais à un nom de personne, mais toujours à un nom de chose indéterminé. Cet adjectif pronominal n'a point de pluriel, et se décline comme der. (§ 43.)

N. wer, was,
G. wessen (weß),
D. wem,
A. wen, was.

§ 45.

4° So, indéclinable, qui ne s'emploie que pour le nominatif et l'accusatif singulier et pluriel. Il est peu usité en prose. *Exemple.*:

Das Mädchen, so uns begegnete,
la jeune fille qui nous rencontra.

Die Blumen, so wir sahen,
les fleurs que nous vîmes.

ADJECTIFS INTERROGATIFS.

§ 46.

1° Welcher, welche, welches, *quel? qui? quelle?* (§ 42).

§ 47.

2° Wer, *qui?* was, *quoi? que?* (§ 44).

§ 48.

3° On emploie encore interrogativement la périphrase suivante :

Was für ein, was für eine, was für ein (avec un substantif), *quel? quelle?*

Au pluriel, l'article indéfini disparaît. *Ex.* : was für Männer, *quels hommes?*

PRONOMS.

§ 49.

Singulier.

Ire pers. *Je ou moi.*   IIe pers. *Tu ou toi.*

N. ich, je *ou* moi;   du, tu *ou* toi;
G. meiner, de moi;   deiner, de toi;
D. mir, me, à moi;   dir, te, à toi;
A. mich, me, moi.   dich, te, toi.

Pluriel.

N. wir, nous;   ihr, vous;
G. unser, de nous.   euer, de vous;
D. uns, nous, à nous;   euch, vous, à vous;
A. uns, nous.   euch, vous.

IIIe personne. *Il, elle.*

Singulier.

Masculin.   *Féminin.*   *Neutre.*

N. er, il *ou* lui;   sie, elle;   es, il;
G. seiner, de lui;   ihrer, d'elle;   seiner, de lui;
D. ihm, lui, à lui;   ihr, lui, à elle;   ihm, lui, à lui;
A. ihn, le, lui.   sie, la, elle.   es, le, lui.

Pluriel commun aux trois genres.

N. sie, ils, eux, elles;
G. ihrer, d'eux, d'elles;
D. ihnen, leur, à eux, à elles;
A. sie, les, eux, elles.

4

Pronom indéfini de la troisième personne.

Man, on, l'on (indéclinable).

§ 50.

Pronom réfléchi de la troisième personne, se, soi.

Le pronom réfléchi n'a pas de nominatif et se décline de la manière suivante :

Singulier.

Masculin.	Féminin.	Neutre.
G. seiner,	ihrer,	seiner, de soi (*sui*);
D. sich, se, à soi (*sibi*);		
A. sich, se, soi (*se*).		

pour les trois genres.

Pluriel commun aux trois genres.

G. ihrer, de soi (*sui*);
D. sich, se, à soi (*sibi*);
A. sich, se, soi (*se*).

Remarque. Les Allemands ajoutent souvent aux pronoms personnels l'adverbe selbst, qui répond au mot français *même*, et au latin *ipse, a, um. Ex.* : ich selbst, *moi-même*; er selbst, *lui-même*; sich selbst, *soi-même, à soi-même.*

§ 51.

ADJECTIFS PRONOMINAUX POSSESSIFS.

Ire personne.

Singulier.

Masculin.	Féminin.	Neutre.
1. N. mein, mon;	meine, ma;	mein, mon;
G. meines,	meiner,	meines,

D. meinem,	meiner,	meinem,
A. meinen.	meine.	meines.

Pluriel commun aux trois genres.

N. meine, mes;
G. meiner,
D. meinen,
A. meine.

2. unser, uns(e)re, unser, notre, nos.

IIᵉ personne.

1. dein, deine, dein, ton, ta, tes.
2. euer, eu(e)re, euer, votre, vos.

IIIᵉ personne.

1. *(Se rapportant à un nom masculin).*

sein, seine, sein, son, sa, ses.

2. *(Se rapportant à un nom féminin).*

ihr, ihre, ihr, son, sa, ses.

3. *(Se rapportant à un nom pluriel, soit masculin, soit féminin.)*

ihr, ihre, ihr, leur, leurs.

Tous ces adjectifs suivent la déclinaison de l'article. Les nominatifs masculin et neutre ne prennent la terminaison er, es, que lorsqu'ils sont employés sans substantifs.

Exemple :

Masculin.	*Féminin.*	*Neutre.*
1. meiner,	meine,	meines,
le mien;	la mienne;	le mien.

2. unf(e)rer,   unf(e)re,   unf(e)res,
   le nôtre;   la nôtre;   le nôtre, etc.

On dit aussi dans ce sens :

Ire personne. 1. der, die, das meinige, le mien;
2. der, die, das unsrige, le nôtre.

IIe personne. 1. der, die, das deinige, le tien;
2. der, die, das eurige, le vôtre.

IIIe personne.

1. (*Si le possesseur est masculin*).

der, die, das seinige, le sien.

2. (*Si le possesseur est féminin ou au pluriel*).

der, die, das ihrige, le sien, le leur.

---

§ 52.

Résumé de ce qui est contenu dans ce premier livre.

Nom substantif :		Vater, père.
Article déterminatif :		der Vater, le père.
Adjectifs	de qualité :	guter Vater, bon père.
	de nombre :	zwey Väter, deux pères.
	d'ordre :	das vierte Buch, le quatrième livre.
	indicatifs :	dieser Mann, cet homme.
	conjonctifs :	der Vater welcher ou der, le père qui.
	possessifs :	mein Vater, mon père.
Pronoms :		ich, du, er, je, tu, il.

LIVRE DEUXIÈME.

DU VERBE.

CHAPITRE I.

§ 53.

NOTIONS PRÉLIMINAIRES.

On divise les verbes allemands en verbes

1° Auxiliaires (Hülfszeitwörter).
2° Adjectifs (Eigenschaftszeitwörter), qui sont :
   Actifs (thätige Zeitwörter),
   Passifs (leidende Zeitwörter),
ou *Neutres* (Neutralzeitwörter).

Pour la conjugaison on les divise en
    Réguliers
   et *Irréguliers*.

Les verbes allemands ont deux formes de conjugaison, l'une pour le sens actif et le sens neutre, l'autre pour le sens passif.

Il y a quatre choses à considérer dans chaque verbe : les nombres, les personnes, les temps et les modes.

MODES.

Le verbe allemand a cinq modes, l'infinitif, le participe, l'indicatif, le subjonctif, l'impératif.

La langue allemande n'a pas à proprement parler de conditionnel : pour l'exprimer, on se sert de l'imparfait du subjonctif ou d'une périphrase, formée de l'imparfait du subjonctif de l'auxiliaire werden, et de l'infinitif du verbe principal.

TEMPS.

L'infinitif a trois temps : le présent, le passé et le futur.

Le participe a deux temps : le présent et le passé que la plupart des grammairiens considèrent comme des temps de l'infinitif.

L'indicatif a six temps : le présent, l'imparfait, le parfait, le plusqueparfait, le futur, le futur passé.

Le subjonctif a les mêmes temps que l'indicatif. Quelques grammairiens y joignent les circonlocutions qui répondent au conditionnel.

L'impératif n'a qu'un temps : le présent.

Les temps des verbes actifs et des verbes neutres peuvent se diviser en temps simples et en temps composés.

Les temps simples sont : le présent et l'imparfait.

Les temps composés : le parfait, le plusqueparfait, le futur, le futur passé, le conditionnel, le conditionnel passé.

Tous les temps des verbes passifs sont composés.

CHAPITRE II.

§ 54.

DES VERBES AUXILIAIRES.

Les allemands ont trois verbes auxiliaires qui sont seyn, *être*; haben, *avoir*; et werden, *devenir*. Ces deux derniers appartiennent aussi à la classe des verbes adjectifs.

§ 55.

1° seyn, *être*.

Le verbe auxiliaire seyn, est irrégulier et forme ses temps composés, partie par lui-même, partie par werden. Il sert principalement à la conjugaison des verbes neutres.

INFINITIF.

Présent. seyn, être; zu seyn, d'être, à être; um zu seyn, pour être.
Passé. gewesen seyn, avoir été.
Futur. seyn werden, devoir être.

PARTICIPE.

Présent. seyend, étant (*n'est plus usité*).
Passé. gewesen, été.

	INDICATIF.	SUBJONCTIF.
PRÉSENT.	S. 1 p. ich bin, je suis; 2 du bist, 3 er ist, P. 1 wir sind, 2 ihr seyd, 3 sie sind.	ich sey, (que) je sois; du seyest *ou* seyst, er sey, wir seyen *ou* seyn, ihr seyed *ou* seyd, sie seyen *ou* seyn.
IMPARFAIT.	S. 1 p. ich war, j'étais *ou* je fus; 2 du warest *ou* warst, 3 er war, P. 1 wir waren, 2 ihr waret *ou* wart, 3 sie waren.	ich wäre, (que) je fusse *ou* je serais; du wärest *ou* wärst, er wäre, wir wären, ihr wäret, sie wären.

		INDICATIF.	SUBJONCTIF.
PARFAIT.	S. 1 p. 2 3 P. 1 2 3	ich bin gewesen, j'ai été; du bist gewesen, er ist gewesen, wir sind gewesen, ihr seyd gewesen, sie sind gewesen.	ich sey gewesen, (que) j'aie été; du sey(e)st gewesen, er sey gewesen, wir sey(e)n gewesen, ihr sey(e)d gewesen, sie sey(e)n gewesen.
PLUSQUEPARF.	S. 1 2 3 P. 1 2 3	ich war gewesen, j'avais été *ou* j'eus été. du war(e)st gewesen, er war gewesen, wir waren gewesen, ihr war(e)t gewesen, sie waren gewesen,	ich wäre gewesen, (que) j'eusse été *ou* j'aurais été. du wärest gewesen, er wäre gewesen, wir wären gewesen, ihr wäret gewesen, sie wären gewesen.
FUTUR.	S. 1 2 3 P. 1 2 3	ich werde seyn, je serai; du wirst seyn, er wird seyn, wir werden seyn, ihr werdet seyn, sie werden seyn.	ich werde seyn, (que) je serai; du werdest seyn, er werde seyn, wir werden seyn, ihr werdet seyn, sie werden seyn.
FUTUR PASSÉ.	S. 1 2 3 P. 1 2 3	ich werde gewesen seyn, j'aurai été; du wirst gewesen seyn, er wird gewesen seyn, wir werden gew. seyn, ihr werdet gew. seyn, sie werden gew. seyn.	ich werde gewes. seyn, (que) j'aurai été. du werdest gew. seyn, er werde gew. seyn, wir werden gew. seyn, ihr werdet gew. seyn, sie werden gew. seyn,

	INDICATIF.	SUBJONCTIF.
CONDITIONN. S. 1		ich würde seyn, je serais ;
2		du würdest seyn,
3		er würde seyn,
P. 1		wir würden seyn.
2		ihr würdet seyn,
3		sie würden seyn.
CONDIT. PASS. S. 1		ich würde gewes. seyn, j'aurais été.
2		du würdest gew. seyn,
3		er würde gew. seyn,
P. 1		wir würden gew. seyn
2		ihr würdet gew. seyn,
3		sie würden gew. seyn.

IMPÉRATIF.

S. 2 p. sey, sois.
3 sey er, qu'il soit.
P. 1 sey(e)n wir, soyons.
2 seyd, soyez.
3 sey(e)n sie, qu'ils soient.

Remarque. En allemand, comme dans la plupart des autres langues, le verbe substantif est le plus irrégulier de tous les verbes, et on ne peut le soumettre à aucune des règles que nous donnerons plus tard sur les verbes irréguliers.

§ 56.

II. haben, *avoir.*

Haben, comme le verbe français *avoir*, s'emploie,

tantôt comme verbe auxiliaire, tantôt comme verbe actif avec le sens de *posséder*. Il sert à conjuguer les temps passés composés des verbes actifs et de quelques verbes neutres, et forme ses temps composés partie par lui-même, partie par werden.

	INFINITIF.	
Présent.	haben, avoir; zu haben, d'avoir, à avoir; um zu haben, pour avoir.	
Passé.	gehabt haben, avoir eu.	
Futur.	haben werden, devoir avoir.	
	PARTICIPE.	
Présent.	habend, ayant.	
Passé.	gehabt, eu.	
	INDICATIF.	SUBJONCTIF.
PRÉSENT. S. 1 p.	ich habe, j'ai;	ich habe, (que) j'aie;
2	du hast,	du habest,
3	er hat,	er habe,
P. 1	wir haben,	wir haben,
2	ihr habt,	ihr habet,
3	sie haben.	sie haben.
IMPARFAIT. S. 1	ich hatte, j'avais *ou* j'eus.	ich hätte, (que) j'eusse *ou* j'aurais.
2	du hattest,	du hättest,
3	er hatte,	er hätte,
P. 1	wir hatten,	wir hätten,
2	ihr hattet,	ihr hättet,
3	sie hatten,	sie hätten.

		INDICATIF.	SUBJONCTIF.
PARFAIT.	S. 1 p. 2 3 P. 1 2 3	ich habe gehabt, j'ai eu; du haft gehabt, er hat gehabt, wir haben gehabt, ihr habt gehabt, sie haben gehabt.	ich habe gehabt, (que) j'aie eu ; du habest gehabt, er habe gehabt, wir haben gehabt, ihr habet gehabt, sie haben gehabt.
PLUSQUEPARF.	S. 1 2 3 P. 1 2 3	ich hatte gehabt, j'avais eu. du hatteft gehabt, er hatte gehabt, wir hatten gehabt, ihr hattet gehabt, sie hatten gehabt.	ich hätte gehabt, (que) j'eusse eu *ou* j'aurais eu. du hätteft gehabt, er hätte gehabt, wir hätten gehabt, ihr hättet gehabt, sie hätten gehabt.
FUTUR.	S. 1 2 3 P. 1 2 3	ich werde haben, j'aurai; du wirft haben, er wird haben, wir werden haben, ihr werdet haben, sie werden haben,	ich werde haben, (que) j'aurai; du werdeft haben, er werde haben, wir werden haben, ihr werdet haben, sie werden haben.
FUTUR PASSÉ.	S. 1 2 3 P. 1 2 3	ich werde gehabt haben, j'aurai eu; du wirft geh. haben, er wird geh. haben, wir werden geh. haben, ihr werdet geh. haben, sie werden geh. haben.	ich werde gehabt haben, (que) j'aurai eu; du werdeft geh. hab. er werde geh. haben, wir werden geh. hab. ihr werdet geh. hab. sie werden geh. haben.

		INDICATIF.	SUBJONCTIF.
CONDITIONNEL	S. 1		ich würde haben, j'aurais;
	2		du würdest haben,
	3		er würde haben,
	P. 1		wir würden haben,
	2		ihr würdet haben,
	3		sie würden haben.
CONDIT. PASSÉ	S. 1		ich würde gehabt haben, j'aurais eu;
	2		du würdest geh. hab.
	3		er würde geh. haben,
	P. 1		wir würden geh. hab.
	2		ihr würdet geh. hab.
	3		sie würden geh. hab.

IMPÉRATIF.

S. 2 p. habe, aie.
 3 habe er, qu'il ait.
P. 1 haben wir, ayons.
 2 habet, ayez.
 3 haben sie, qu'ils aient.

Remarques. Habend, *ayant*, n'est en usage que dans les composés, comme wohlhabend, *aisé, qui a du bien.*

Les observations qui concernent l'irrégularité du verbe haben trouveront place au chapitre des verbes irréguliers.

§ 57.

III. werden, *devenir*.

Ce verbe est irrégulier et conjugue ses temps composées au moyen de lui-même et au moyen de seyn. Il sert à former les futurs et les conditionnels de tous les verbes, et généralement tous les temps des verbes passifs.

INFINITIF.	
Présent.	werden, devenir; zu werden, de devenir, à devenir; um zu werden, pour devenir.
Passé.	worden *ou* geworden seyn, être devenu.
Futur.	werden werden, devoir devenir.

PARTICIPE.	
Présent.	werdend, devenant.
Passé.	worden *ou* geworden, devenu.

		INDICATIF.	SUBJONCTIF.
PRÉSENT	S. 1 p.	ich werde, je deviens;	ich werde, (que) je devienne;
	2	du wirst,	du werdest,
	3	er wird,	er werde,
	P. 1	wir werden,	wir werden,
	2	ihr werdet,	ihr werdet,
	3	sie werden.	sie werden.
IMPARFAIT	S. 1	ich wurde *ou* ward, je devenais, je devins;	ich würde, (que) je devinsse *ou* je deviendrais;
	2	du wurdest,	du würdest,
	3	er wurde *ou* ward,	er würde,
	P. 1	wir wurden,	wir würden,
	2	ihr wurdet,	ihr würdet,
	3	sie wurden.	sie würden.

	INDICATIF.	SUBJONCTIF.
PARFAIT.	S. 1 p. ich bin worden *ou* geworden, je suis devenu; 2 du bist geworden, 3 er ist — P. 1 wir sind — 2 ihr seyd — 3 sie sind —	ich sey worden *ou* geworden, (que) je sois devenu; du seyest geworden, er sey — wir sey(e)n — ihr sey(e)d — sie sey(e)n —
PLUSQUEPARFAIT.	S. 1 ich war worden *ou* geworden, j'étais devenu, je fus devenu; 2 du war(e)st geworden, 3 er war — P. 1 wir waren — 2 ihr war(e)t — 3 sie waren —	ich wäre worden *ou* geworden, (que) je fusse devenu, je serais devenu; du wärest geworden, er wäre — wir wären — ihr wäret — sie wären —
FUTUR.	S. 1 ich werde werden, je deviendrai; 2 du wirst werden, 3 er wird — P. 1 wir werden — 2 ihr werdet — 3 sie werden —	ich werde werden, (que) je deviendrai; du werdest werden, er werde — wir werden — ihr werdet — sie werden —
FUTUR PASSÉ.	S. 1 ich werde worden *ou* geworden seyn, je serai devenu; 2 du wirst geword. seyn, 3 er wird — — P. 1 wir werden — — 2 ihr werdet — — 3 sie werden — —	ich werde worden *ou* geworden seyn, (que) je serai devenu; du werdest geword. s. er werde — — wir werden — — ihr werdet — — sie werden — —

	INDICATIF.	SUBJONCTIF.
CONDITIONNEL. S. 1 p.		ich würde werden, je deviendrais;
2		du würdest werden,
3		er würde —
P. 1		wir würden —
2		ihr würdet —
3		sie würden —
CONDITIONN. PASSÉ. S. 1		ich würde worden *ou* geworden seyn, je serais devenu *ou* (que) je fusse devenu;
2		du würdest geword. s.
3		er würde — —
P. 1		wir würden — —
2		ihr würdet — —
3		sie würden — —

IMPÉRATIF.

S. 2. werde, deviens;
   3. werde er, qu'il devienne;
P. 1. werden wir, devenons;
   2. werdet, devenez;
   3. werden sie, qu'ils deviennent.

Remarque. Le participe passé est toujours geworden, tant que le verbe werden se trouve seul, comme ich bin krank geworden, *je suis devenu malade;* mais quand werden figure comme auxiliaire, son participe passé est worden, comme ich bin getadelt worden, *j'ai été blâmé.*

On trouvera, au chapitre des verbes irréguliers, les règles de la formation des temps irréguliers de werden.

CHAPITRE III.

DES VERBES ADJECTIFS OU ATTRIBUTIFS RÉGULIERS.

§ 58.

I. VERBES ACTIFS.

Les verbes actifs réguliers se conjuguent de la manière suivante :

INFINITIF.	
Présent. loben, louer; zu loben, de louer, à louer; um zu loben, pour louer.	
Passé. gelobt haben, avoir loué.	
Futur. loben werden, devoir louer.	
PARTICIPE.	
Présent. lobend, louant.	
Passé. gelobt, loué.	
INDICATIF.	SUBJONCTIF.
PRÉSENT. S. 1 p. ich lobe, je loue ; 2 du lob(e)st, 3 er lob(e)t, P. 1 wir loben, 2 ihr lob(e)t, 3 sie loben.	ich lobe, (que) je loue ; du lobest, er lobe, wir loben, ihr lobet, sie loben.

	INDICATIF.	SUBJONCTIF.
IMPARFAIT.	S. 1 p. ich lobte, je louais; 2 du lobtest, 3 er lobte, P. 1 wir lobten, 2 ihr lobtet, 3 sie lobten.	ich lob(e)te, (que) je louasse *ou* je louerais; du lob(e)test, er lob(e)te, wir lob(e)ten, ihr lob(e)tet, sie lob(e)ten.
PARFAIT.	S. 1 ich habe gelobt, j'ai loué; 2 du hast gelobt, 3 er hat — P. 1 wir haben — 2 ihr habt — 3 sie haben —	ich habe gelobt, (que) j'aie loué; du habest gelobt, er habe — wir haben — ihr habet — sie haben —
PLUSQUEPARF.	S. 1 ich hatte gelobt, j'avais loué, j'eus loué; 2 du hattest gelobt, 3 er hatte — P. 1 wir hatten — 2 ihr hattet — 3 sie hatten —	ich hätte gelobt, (que) j'eusse loué *ou* j'aurais loué; du hättest gelobt, er hätte — wir hätten — ihr hättet — sie hätten —
FUTUR.	S. 1 ich werde loben, je louerai; 3 du wirst loben, er wird — P. 1 wir werden — 2 ihr werdet — 3 sie werden —	ich werde loben, (que) je louerai; du werdest loben, er werde — wir werden — ihr werdet — sie werden —

	INDICATIF.	SUBJONCTIF.
FUTUR PASSÉ. S. 1 p.	ich werde gelobt haben, j'aurai loué ;	ich werde gelobt haben, (que) j'aurai loué ;
2	du wirst gelobt haben,	du werdest gel. hab.
3	er wird — —	er werde — —
P. 1	wir werden — —	wir werden — —
2	ihr werdet — —	ihr werdet — —
3	sie werden — —	sie werden — —
CONDITIONNEL S. 1		ich würde loben, je louerais ;
2		du würdest loben,
3		er würde —
P. 1		wir würden —
2		ihr würdet —
3		sie würden —.
CONDIT. PASSÉ. S. 1		ich würde gelobt haben, j'aurais loué, (que) j'eusse loué ;
2		du würdest gel. hab.
3		er würde — —
P. 1		wir würden — —
2		ihr würdet — —
3		sie würden — —

IMPÉRATIF.

S. 2. lob *ou* lobe, loue ;
   3. lobe er, qu'il loue ;
P. 1. loben wir, louons ;
   2. lobet, louez ;
   3. loben sie, qu'ils louent.

§ 59.

Verbes réfléchis.

Les verbes réfléchis n'étant autre chose que des verbes actifs, nous n'en ferons point une classe à part.

Le tableau que nous donnons ici n'est destiné qu'à montrer la place que doit occuper le pronom.

INFINITIF

Présent. sich freuen, se réjouir; sich zu freuen, de, à se réjouir; um sich zu freuen, pour se réjouir.
Passé. sich gefreu(e)t haben, s'être réjoui.
Futur. sich freuen werden, devoir se réjouir.

PARTICIPE.

Présent. sich freuend, se réjouissant.
Passé. gefreu(e)t, réjoui.

		INDICATIF.	SUBJONCTIF.
PRÉSENT.	S. 1 p.	ich freue mich, je me réjouis;	ich freue mich, (que) je me réjouisse;
	2	du freu(e)st dich,	du freuest dich,
	3	er freu(e)t sich,	er freue sich,
	P. 1	wir freuen uns,	wir freuen uns,
	2	ihr freuet euch,	ihr freuet euch,
	3	sie freuen sich.	sie freuen sich.
IMPARFAIT.	S. 1	ich freute mich, je me réjouissais;	ich freute mich, (que) je me réjouisse *ou* je me réjouirais;
	2	du freutest dich,	du freutest dich,
	3	er freute sich,	er freute sich,
	P. 1	wir freuten uns,	wir freuten uns,
	2	ihr freutet euch,	ihr freutet euch,
	3	sie freuten sich.	sie freuten sich.

		INDICATIF.	SUBJONCTIF.
PARFAIT.	S. 1 p.	ich habe mich gefreu(e)t, je me suis réjoui.	ich habe mich gefreu(e)t, (que) je me sois réjoui;
	2	du haft dich gefreu(e)t,	du habeft dich gef.
	3	er hat sich —	er habe sich —
	P. 1	wir haben uns —	wir haben uns —
	2	ihr habt euch —	ihr habet euch —
	3	sie haben sich —	sie haben sich —
PLUSQUEPARF.	S. 1	ich hatte mich gefreu(e)t, je m'étais réjoui;	ich hätte mich gefreu(e)t, (que) je me fusse réjoui;
	2	du hatteft dich gef.	du hätteft dich gef.
	3	er hatte sich —	er hätte sich —
	P. 1	wir hatten uns —	wir hätten uns —
	2	ihr hattet euch —	ihr hättet euch —
	3	sie hatten sich —	sie hätten sich —
FUTUR.	S. 1	ich werde mich freuen, je me réjouirai;	ich werde mich freuen, (que) je me réjouirai;
	2	du wirft dich freuen,	du werdeft dich fr.
	3	er wird sich —	er werde sich —
	P. 1	wir werden uns —	wir werden uns —
	2	ihr werdet euch —	ihr werdet euch —
	3	sie werden sich —	sie werden sich —
FUTUR PASSÉ.	S. 1	ich werde mich gefreu(e)t haben, je me serai réjoui;	ich werde mich gefr. haben, (que) je me serai réjoui;
	2	du wirft dich gef. hab.	du werdeft dich gef. h.
	3	er wird sich — —	er werde sich — —
	P. 1	wir werden uns — —	wir werden uns — —
	2	ihr werdet euch — —	ihr werdet euch — —
	3	sie werden sich — —	sie werden sich — —

	INDICATIF.	SUBJONCTIF.
CONDITIONNEL. S. 1 p. 2 3 P. 1 2 3		ich würde mich freu- en, je me réjoui- rais ; du würdest dich fr. er würde sich — wir würden uns — ihr würdet euch — sie würden sich —
CONDIT. PASSÉ. S. 1 2 3 P. 1 2 3		ich würde mich ge- freu(e)t haben, je me serais réjoui ; du würdest dich gef. h. er würde sich — — wir würden uns — — ihr würdet euch — — sie würden sich— —

IMPÉRATIF.

S. 2. freu *ou* freue dich, réjouis-toi ;

3. freue er sich, qu'il se réjouisse ;

P. 1. freuen wir uns, réjouissons-nous ;

2. freuet euch, réjouissez-vous ;

3. freuen sie sich, qu'ils se réjouissent.

§ 60.

FORMATION DES TEMPS.

Tout verbe allemand se compose d'un radical et d'une terminaison. Le radical est la partie invariable qui représente l'attribut, et la terminaison, qui exprime l'existence, varie suivant les modifications de nombres, de temps et de modes.

§ 61.

INFINITIF.

La terminaison du présent de l'infinitif est toujours en : lob=en, *louer*.

Lorsque le radical a pour dernières lettres el ou er, on supprime l'e de la terminaison. *Ex.*: tadeln, *blâmer*; ru= dern, *ramer*. Cette syncope a également lieu à l'infinitif des verbes thun, *faire* et seyn, *être*.

L'infinitif passé se forme du participe passé du verbe, et de l'infinitif présent de haben : gelobt haben, *avoir loué*.

Le futur de l'infinitif se compose de l'infinitif présent du verbe et de l'infinitif présent de werden : loben werden, *devoir louer*.

Les divers rapports de l'infinitif sont indiqués par les prépositions zu, um zu. *Ex.*: zu loben, *de, à louer*; um zu loben, *pour louer*.

§ 62.

PARTICIPE.

Le participe présent se forme de l'infinitif auquel on ajoute d. Infinitif: loben, participe présent: lob=end, *louant*.

Le participe passé se forme en préposant au radical la syllabe ge et en y ajoutant la terminaison (e)t. *Ex.*: ge= lob=(e)t, *loué*. L'e mi-muet de la terminaison se retranche toutes les fois qu'il n'est pas exigé par l'euphonie.

Ne prennent point la particule ge:

1° Les verbes dérivés, commençant par l'une des

particules be, ge, emp, ent, er, ver, zer, miß. *Ex.:* ver=
bessern, *améliorer,* verbessert, *amélioré.*

Cependant ceux qui commencent par la particule
miß, prennent quelquefois la syllabe ge: mißhandeln,
maltraiter, mißhandelt et gemißhandelt.

2° Les verbes, dans la composition desquels entre
l'une des prépositions hinter, *derrière;* wider, *contre;*
durch, *à travers;* über, *sur;* unter, *sous;* um, *autour,*
ou l'un des adverbes wieder, *de nouveau;* voll, *plei-
nement. Ex.:* unterrichten, *instruire,* unterrichtet. (*Voy.*
§ 110).

3° Les verbes terminés en ieren. *Ex.:* regieren, *gouverner,* regiert.

4° Les verbes dérivés d'une langue étrangère qui
se terminent en iren. *Ex.:* triumphiren, *triompher,*
triumphirt.

Les règles que nous venons d'établir au sujet de la particule
ge, embrassent presque toutes les exceptions. Cependant il en
est quelques-unes qui n'y sont point comprises; comme vollen=
den, *achever,* participe: vollendet; prophezeihen, *prophétiser,*
participe: prophezeihet.

M. Simon, dans sa grammaire allemande, a le premier ré-
solu cette difficulté, par la règle suivante:

Le participe prend la particule ge, *toutes les fois que
l'accent tonique repose sur la première syllabe; dans le
cas contraire, il la rejette.*

Comme cette règle ne devient d'une application facile,
qu'à l'aide d'un dictionnaire qui marque exactement l'accent
tonique de chaque verbe, nous avons cru qu'il ne serait pas
inutile de conserver dans notre grammaire les règles que nous
avons posées plus haut, quoiqu'elles soient incomplètes.

Pour la déclinaison des participes, lorsqu'ils sont variables, *voy. Adjectifs*, § 22-27.

§ 63.

INDICATIF.

Le présent se compose du radical et de la terminaison e, eſt ou ſt, et ou t, en, et ou t, en.

>ich lob=e,
>du lob=(e)ſt,
>er lob=(e)t,
>wir lob=en,
>ihr lob=(e)t,
>ſie lob=en.

Remarque I. Lorsque le radical est terminé par d, t, th ou plusieurs consonnes réunies, on conserve l'e mi-muet des terminaisons et, eſt. Dans tous les autres cas on a coutume de la supprimer. Cette suppression est indispensable dans les verbes en eln et en ern. *Ex.*: ſammeln, *rassembler*; du ſammelſt, *tu rassembles*, et jamais du ſammeleſt; dauern, *durer*; du dauerſt, *tu dures*.

II. La seconde personne du pluriel est, à ce temps, semblable à la troisième du singulier: er lob=(e)t, *il loue*, ihr lob=(e)t, *vous louez*.

III. La troisième personne du pluriel est, à tous les temps, semblable à la première personne du même nombre. Wir lob=en, *nous louons*, ſie lob=en, *ils louent*.

L'imparfait se forme du présent en insérant un t entre le radical et la terminaison. Ich lob=e, *je loue*, ich lob=te, *je louais*; la troisième personne du singulier est semblable à la première, ich lob=te, er lob=te.

Remarque. Le t intercalé est précédé d'un e mi-muet dans les cas indiqués ci-dessus. (Rem. I. sur la formation du présent.)

Le parfait se compose du présent de l'indicatif de haben et du participe passé du verbe : ich habe gelobt, *j'ai loué.*

Le plusqueparfait se compose de l'imparfait de l'indicatif de haben et du participe passé du verbe : ich hatte gelobt, *j'avais loué.*

Le futur se compose de l'indicatif présent de werden, et de l'infinitif présent du verbe : ich werde loben, *je louerai.*

Le futur passé se compose du présent de l'indicatif de werden et de l'infinitif passé du verbe : ich werde gelobt haben, *j'aurai loué.*

§ 64.

SUBJONCTIF.

Le présent du subjonctif est semblable au présent de l'indicatif, à cela près que la troisième personne du singulier ressemble à la première, et qu'il conserve toujours l'e de la terminaison.

ich lob-e,
du lob-est,
er lob-e,
wir lob-en,
ihr lob-et,
sie lob-en.

L'imparfait est en tout semblable au temps correspondant de l'indicatif : seulement il prend plus souvent l'e qui adoucit la terminaison. Ich lob-te, *je louais;* ich lob-(e)te, *(que) je louasse.*

Le parfait, le plusqueparfait, le futur et le futur passé se forment comme les temps correspondans de l'indicatif; seulement aux temps de l'indicatif des verbes auxiliaires, ils substituent les temps du subjonctif des mêmes verbes.

Le conditionnel se forme de l'imparfait du subjonctif de werden et de l'infinitif présent du verbe : ich würde loben, *je louerais*.

Le conditionnel passé se forme du même temps de werden et de l'infinitif passé du verbe : ich würde gelobt haben, *j'aurais loué*.

§ 65.

IMPÉRATIF.

L'impératif n'a point de première personne.

La seconde personne du singulier a deux formes ; l'une, qui n'est autre chose que le radical, sert à commander : lob. L'autre, semblable à la première personne du présent de l'indicatif, sert à inviter ou à prier : lob=e.

Remarque. On verra par l'exemple d'un grand nombre de verbes irréguliers que ces deux formes ont de grand rapports, l'une avec la seconde personne du présent de l'indicatif, l'autre avec la seconde personne du présent du subjonctif.

La troisième personne du singulier et les trois personnes du pluriel sont empruntées au présent du subjonctif.

§ 66.

TABLEAU DES TERMINAISONS DES TEMPS SIMPLES DES VERBES ACTIFS.

Infinitif présent : en *ou* n.
Participe présent : end.
Participe passé : ge- et *ou* t.

	Indicatif.		Subjonctif.	
Présent.	S. 1.	e	S. 1. 3.	e.
	2.	est *ou* st	2.	est.
	3 et 2 P.	et *ou* t	P. 1. 3.	en.
	P. 1 et 3.	en.	2.	et.
Imparfait.	S. 1. 3.	(e)te.		
	2.	(e)test.		
	P. 1. 3.	(e)ten.		
	2.	(e)tet.		
Impératif.	S. 2. 3.	e.		
	P. 1. 3.	en.		
	2.	et.		

§ 67.

II. VERBES PASSIFS.

Les verbes passifs se conjuguent de la manière suivante :

INFINITIF.

PRÉSENT. gelobt werden, être loué; gelobt zu werden, d'être *ou* à être loué; um gelobt zu werden, pour être loué.

PASSÉ. gelobt worden seyn, avoir été loué.

FUTUR. werden gelobt werden, devoir être loué.

PARTICIPE.

PRÉSENT. gelobt werdend, étant loué.

PASSÉ. gelobt worden, été loué.

	INDICATIF.	SUBJONCTIF.
PRÉSENT	S. 1 p. ich werde gelobt, je suis loué; 2 du wirst gelobt, 3 er wird — P. 1 wir werden — 2 ihr werdet — 3 sie werden —	ich werde gelobt, (que) je sois loué; du werdest gelobt, er werde — wir werden — ihr werdet — sie werden —
IMPARFAIT	S. 1 ich wurde *ou* ich ward gelobt, j'étais loué *ou* je fus loué; 2 du wurdest gelobt, 3 er wurde *ou* ward — P. 1 wir wurden — 2 ihr wurdet — 3 sie wurden —	ich würde gelobt, (que) je fusse *ou* je serais loué; du würdest gelobt, er würde — wir würden — ihr würdet — sie würden —

		INDICATIF.	SUBJONCTIF.
PARFAIT.	S. 1 p.	ich bin gelobt worden, j'ai été loué;	ich sey gelobt worden, (que) j'aie été loué;
	2	du bist — —	du sey(e)st — —
	3	er ist — —	er sey — —
	P. 1	wir sind — —	wir sey(e)n — —
	2	ihr seyd — —	ihr sey(e)d — —
	3	sie sind — —	sie sey(e)n — —
PLUSQ. PARFAIT.	S. 1	ich war gelobt worden, j'avais *ou* j'eus été loué;	ich wäre gelobt worden, (que) j'eusse *ou* j'aurais été loué;
	2	du warst gel. worden,	du wärest gel. word.
	3	er war — —	er wäre — —
	P. 1	wir waren — —	wir wären — —
	2	ihr waret — —	ihr wäret — —
	3	sie waren — —	sie wären — —
FUTUR.	S. 1	ich werde gelobt werden, je serai loué;	ich werde gelobt werden, (que) je serai loué;
	2	du wirst gel. werden,	du werdest gel. werd.
	3	er wird — —	er werde — —
	P. 1	wir werden — —	wir werden — —
	2	ihr werdet — —	ihr werdet — —
	3	sie werden — —	sie werden — —
FUTUR PASSÉ.	S. 1	ich werde gelobt worden seyn, j'aurai été loué;	ich werde gelobt worden seyn, (que) j'aurai été loué;
	2	du wirst gel. word. s.	du werdest gel. w. s.
	3	er wird — —	er werde — —
	P. 1	wir werden — —	wir werden — —
	2	ihr werdet — —	ihr werdet — —
	3	sie werden — —	sie werden — —

	INDICATIF.	SUBJONCTIF.
CONDITIONN. S. 1 / 2 / 3 / P. 1 / 2 / 3		ich würde gelobt werden, je serais loué; du würdest gel. werd. er würde — — wir würden — — ihr würdet — — sie würden — —
CONDIT. PASSÉ. S. 1 / 2 / 3 / P. 1 / 2 / 3		ich würde gelobt worden seyn, j'aurais été loué; du würdest gel. w. s. er würde — — wir würden — — ihr würdet — — sie würden — —

IMPÉRATIF.

S. 2. werde gelobt, sois loué.
   3. werde er —

P. 1. werden wir —
   2. werdet ihr —
   3. werden sie —

Remarque. On voit, comme nous l'avons déjà remarqué (§ 53), que le passif n'a que des temps composés des divers temps de werden et du participe passé de l'actif.

§ 68.

III. VERBES NEUTRES.

Pour les temps simples, les verbes neutres suivent la conjugaison des verbes actifs; pour les temps composés, certains verbes prennent haben, d'autres seyn, d'autres enfin tantôt seyn, et tantôt haben.

Nous donnerons au supplément (§ 164-166) une liste des verbes neutres dont l'auxiliaire est haben et de ceux qui se conjuguent tantôt avec haben et tantôt avec seyn.

Voici la conjugaison d'un verbe neutre qui forme ses temps composés avec le secours du verbe seyn.

INFINITIF.	
Présent.	reisen, voyager; zu reisen, de, à voyager; um zu reisen, pour voyager.
Passé.	gereist seyn, avoir voyagé.
Futur.	reisen werden, devoir voyager.

PARTICIPE.	
Présent.	reisend, voyageant.
Passé.	gereist, voyagé.

	INDICATIF.	SUBJONCTIF.
PRÉSENT	S. 1 p. ich reise, je voyage;	ich reise, (que) je voyage;
	2 du reisest,	du reisest,
	3 er reis(e)t,	er reise,
	P. 1 wir reisen,	wir reisen,
	2 ihr reis(e)t,	ihr reiset,
	3 sie reisen.	sie reisen.

		INDICATIF.	SUBJONCTIF.
IMPARFAIT.	S. 1 p. 2 3 P. 1 2 3	ich reiſte, je voyageais *ou* je voyageai; du reiſteſt, er reiſte, wir reiſten, ihr reiſtet, ſie reiſten.	ich reiſte, (que) je voyageasse *ou* je voyagerais; du reiſteſt, er reiſte, wir reiſten, ihr reiſtet, ſie reiſten,
PARFAIT.	S. 1 2 3 P. 1 2 3	ich bin gereiſt, j'ai voyagé; du biſt gereiſt, er iſt — wir ſind — ihr ſeyd — ſie ſind —	ich ſey gereiſt (que) j'aie *ou* j'aurais voyagé; du ſey(e)ſt gereiſt, er ſey — wir ſey(e)n — ihr ſey(e)d — ſie ſey(e)n —
PLUSQUEPARF.	S. 1 2 3 P. 1 2 3	ich war gereiſt, j'avais *ou* j'eus voyagé; du warſt gereiſt, er war — wir waren — ihr war(e)t — ſie waren —	ich wäre gereiſt (que) j'eusse *ou* j'aurais voyagé; du wäreſt gereiſt, er wäre — wir wären — ihr wäret — ſie wären —
FUTUR.	S. 1 2 3 P. 1 2 3	ich werde reiſen, je voyagerai; du wirſt reiſen, er wird — wir werden — ihr werdet — ſie werden —	ich werde reiſen, (que) je voyagerai; du werdeſt reiſen, er werde — wir werden — ihr werdet — ſie werden —

	INDICATIF.	SUBJONCTIF.
FUTUR PASSÉ. S. 1 p. 2 3 P. 1 2 3	ich werde gereist seyn, j'aurai voyagé; du wirst gereist seyn, er wird —— wir werden —— ihr werdet —— sie werden ——	ich werde gereist seyn, (que) j'aurai voyagé; du werdest ger. seyn, er werde —— wir werden —— ihr werdet —— sie werden ——
CONDITIONNEL. S. 1 2 3 P. 1 2 3		ich würde reisen, je voyagerais; du würdest reisen, er würde — wir würden — ihr würdet — sie würden —
CONDIT. PASSÉ. S. 1 2 3 P. 1 2 3		ich würde gereist seyn, j'aurais voyagé; du würdest ger. seyn, er würde —— wir würden —— ihr würdet —— sie würden ——

IMPÉRATIF.

S. 2. reis *ou* reise, voyage.

3. reise er, qu'il voyage.

P. 1. reisen wir, voyageons.

2. reiset, voyagez.

3. reisen sie, qu'ils voyagent.

CHAPITRE IV.

DES VERBES IRRÉGULIERS.

§ 69.

On appelle verbes irréguliers ceux qui, à certains temps et à certaines personnes, s'écartent des règles générales de la conjugaison.

Les modifications qui les rendent irréguliers portent ou sur le radical, ou sur la terminaison, ou sur l'un et sur l'autre.

Voici les temps du verbe qui peuvent être irréguliers :

Le participe passé,
L'imparfait de l'indicatif,
L'imparfait du subjonctif,
Le présent de l'indicatif, aux trois personnes du singulier,
L'impératif, à la seconde personne du singulier.

Tous les verbes irréguliers ne le sont pas à tous les temps indiqués ci-dessus. Il en est qui n'ont qu'un temps irrégulier, d'autres en ont deux, trois, quatre ou même cinq.

La conjugaison de plusieurs verbes est subordonnée à leur signification, en sorte qu'ils sont réguliers comme verbes actifs, et irréguliers comme verbes neutres.

ALTÉRATION DU RADICAL.

§ 70.

Les règles qui vont suivre touchant l'altération du radical, s'appliquent à tous les verbes irréguliers (1), que leur terminaison subisse ou non une altération. Plus tard nous distinguerons dans un tableau ceux qui sont réguliers quant aux désinences. En attendant, il suffit de savoir que, pour ce qui est de la terminaison, l'altération consiste à donner au participe la désinence de l'infinitif (2), à retrancher quelquefois au présent l'e de la première et de la seconde personne du singulier, et la terminaison et de la troisième, et à faire disparaître entièrement la syllabe te de l'imparfait de l'indicatif et le t de l'imparfait du subjonctif.

L'altération du radical peut porter sur les voyelles ou sur les consonnes.

I. ALTÉRATION DES VOYELLES.

§ 71.

Un grand nombre de verbes irréguliers altèrent, dans les temps susceptibles d'irrégularité, la voyelle ou la diphthongue du radical qui précède la terminaison.

---

(1) Le verbe ſollen excepté.
(2) On compte sept verbes dont l'irrégularité ne porte que sur la terminaison du participe, en voici la liste :

ſalzen, saler;	*participe* geſalzen.
ſchmalzen, apprêter avec du beurre;	geſchmalzen.
ſchroten, égruger;	geſchroten.
ſchrunden, se gercer;	geſchrunden.
ſpalten, se fendre;	geſpalten.
verhehlen, recéler;	verhohlen, mieux régulier.
verſiegen, tarir;	verſiegen.

§ 72.

A

(21 verbes).

Participe. Les verbes qui au radical ont a pour voyelle principale conservent cet a au participe, excepté : erschallen, retentir, qui change l'a en o.

Imparfait de l'indicatif. Dix verbes forment leur imparfait en changeant a en u (*a*).

Huit changent a en ie (*b*).

Deux le changent en i (*c*), et enfin un en o (*d*).

INFINITIF.	PARTICIPE PASSÉ.	IMPARFAIT DE L'INDICATIF.	IMPARFAIT DU SUBJONCTIF.
(*a*) backen, cuire au four;	gebacken,	* ich buck,	* ich bücke,
fahren, conduire *ou* aller en voiture, *ou* par eau.	gefahren	ich fuhr	ich führe
graben, creuser.	gegraben	ich grub	ich grübe
laden, charger.	geladen	* ich lub	ich lüde
mahlen, moudre.	gemahlen	* ich muhl	* ich mühle
schaffen, créer.	geschaffen	ich schuf	ich schüfe
schlagen, battre.	geschlagen	ich schlug	ich schlüge
tragen, porter.	getragen	ich trug	ich trüge
wachsen, croître.	gewachsen	ich wuchs	ich wüchse
waschen, laver.	gewaschen	ich wusch	ich wüsche
(*b*) blasen, souffler.	geblasen	ich blies	ich bliese
braten, rôtir.	gebraten	* ich briet	* ich briete
fallen, tomber.	gefallen	ich fiel	ich fiele

L'*Imparfait du subjonctif* ne diffère de l'imparfait de l'indicatif que par l'e de la terminaison. Seulement les verbes qui ont l'imparfait de l'indicatif en u ou en o adoucissent u et o en ü, ö à l'imparfait du subjonctif.

Présent de l'indicatif. La deuxième et la troisième personne adoucissent l'a en ä.

Excepté : mahlen, schaffen et erschallen, qui conservent l'a.

Impératif. Ils conservent tous la voyelle de l'infinitif.

Remarque. Dans ce tableau, et dans tous ceux qui vont suivre, les temps marqués d'un astérisque ont aussi la forme régulière.

PRÉSENT.		IMPÉRATIF.
2ᶜ PERSONNE.	3ᵉ PERSONNE.	2ᶜ PERSONNE.
du bäckst	er bäckt	rég.
du fähr(e)st	er fähr(e)t	rég.
du gräbst	er gräbt	rég.
* du läd(e)st	* er läd(e)t	rég.
rég.	rég.	rég.
rég.	rég.	rég.
du schlägst	er schlägt	rég.
du trägst	er trägt	rég.
du wächsest	er wächs(e)t	rég.
du wäschest	er wäsch(e)t	rég.
du bläsest	er bläs(e)t	rég.
* du brät(e)st	* er brät	rég.
du fällst	er fällt	rég.

INFINITIF.	PARTICIPE PASSÉ.	IMPARFAIT	
		DE L'INDICATIF.	DU SUBJONCTIF.
gefallen, plaire.	gefallen	ich gefiel	ich gefiele
halten, tenir.	gehalten	ich hielt	ich hielte
lassen, laisser.	gelassen	ich ließ	ich ließe
rathen, conseiller.	gerathen	ich rieth	ich riethe
schlafen, dormir.	geschlafen	ich schlief	ich schliefe
(c) fangen, prendre.	gefangen	ich fing	ich finge
hangen, pendre, v.n.	gehangen	ich hing	ich hinge
(d) erschallen, retentir.	erschollen	* ich erscholl	* ich erschölle

§ 73.
Au
(5 verbes.)

Participe. Les verbes qui ont au radical la diphthongue au la changent en o au participe (*a*). *Excepté*: hauen et laufen, qui conservent au. (*b*)

Imparfait de l'indicatif. Il prend la voyelle du parti-

INFINITIF.	PARTICIPE PASSÉ.	IMPARFAIT	
		DE L'INDICATIF.	DU SUBJONCTIF.
(a) saufen, boire, *en parlant des animaux*.	gesoffen	ich soff	ich söffe
saugen, téter, sucer.	gesogen	ich sog	ich söge
schnauben, respirer fortement.	geschnoben	ich schnob	ich schnöbe
(b) hauen, tailler.	gehauen	* ich hieb	* ich hiebe
laufen, courir.	gelaufen	ich lief	ich liefe

PRÉSENT.		IMPÉRATIF.
2ᶜ PERSONNE.	3ᵉ PERSONNE.	2ᵉ PERSONNE.
du gefällst	er gefällt	rég.
du hältst	er hält	rég.
du lässest	er lässet ou lässt	rég.
* du räthst	* er räth	rég.
du schläfst	er schläft	rég.
* du fängst	* er fängt	rég.
du hängst	er hängt	rég.
du erschillst mieux rég.	er erschillt mieux rég.	rég.

cipe, excepté dans laufen et hauen, qui changent au en ie.

Imparfait du subjonctif. Ceux qui ont un o à l'imparfait de l'indicatif l'adoucissent en ö.

Présent de l'indicatif. Laufen et saufen adoucissent a en ä. Ils sont aussi réguliers.

Impératif. Il est régulier.

PRÉSENT.		IMPÉRATIF.
2ᶜ PERSONNE.	3ᵉ PERSONNE.	2ᶜ PERSONNE.
* du säufst	* er säuft	rég.
rég.	rég.	rég.
rég.	rég.	rég.
rég.	rég.	rég.
* du läufst	* er läuft	rég.

§ 74.

𝔄

(5 verbes).

Les verbes qui, au radical, ont ä pour voyelle principale, le changent en o au *participe* et à l'*imparfait de l'indicatif*, et adoucissent o en ö à l'*imparfait du subjonctif*.

INFINITIF.	PARTICIPE PASSÉ.	IMPARFAIT	
		DE L'INDICATIF.	DU SUBJONCTIF.
(a) erwägen, considérer	* erwogen	* ich erwog	* ich erwöge
gähren, fermenter.	gegohren	ich gohr	ich göhre
schwären, suppurer.	geschworen	ich schwor anc. schwur	ich schwöre anc. schwüre
rächen, venger, *autrefois*: *aujourd'hui régul.*	gerochen	ich roch anc. rach	ich röche anc. räche
(b) gebären, enfanter.	geboren	ich gebar	ich gebäre

§ 75.

𝔈

(51 verbes.)

Participe. Parmi les verbes qui, au radical, ont e pour voyelle principale,

Trente-un le changent en o au participe (A).

Onze conservent l'e (B).

Le *présent* et l'*impératif* sont réguliers. (*a*)

Exception. Gebären prend a à l'imparfait de l'indicatif et l'adoucit en ä à l'imparfait du subjonctif. Au présent et à l'impératif il change ä en ie; quelquefois aussi il est régulier à ces deux temps. (*b*)

Le verbe rächen est aujourd'hui entièrement régulier, pour le distinguer du verbe riechen, *sentir*, qui offre les mêmes irrégularités.

PRÉSENT.		IMPÉRATIF.
2ᵉ PERSONNE.	3ᵉ PERSONNE.	2ᵉ PERSONNE.
rég.	rég.	rég.
rég.	rég.	rég.
rég.	rég.	rég.
rég.	rég.	rég.
* du gebierst	* sie gebiert.	* gebier

Neuf changent e en a (C).

Imparfait de l'indicatif. Vingt-cinq changent e en a (*a, f, g, h, i*.). Huit, en a ou en o (*b*). Six, en a ou en u (*c, h*).

Dix changent e en o (*d*). Un, en o ou en u (*e*).

Un change e en i (*k*).

Imparfait du Subjonctif. Six sont règuliers (*i*).

Les autres adoucissent en ä, ö, ü, les voyelles a, o, u de l'imparfait de l'indicatif.

Présent de l'indicatif. A la seconde et à la troisième

A. *Première classe.*			
INFINITIF.	PARTICIPE PASSÉ.	IMPARFAIT DE L'INDICATIF.	IMPARFAIT DU SUBJONCTIF.
I. (*a*) bergen, cacher, sauver.	geborgen	ich barg	ich bärge
brechen, casser.	gebrochen	ich brach	ich bräche
erschrecken, s'effrayer.	erschrocken	ich erschrak	ich erschräke
nehmen, prendre.	genommen	ich nahm	ich nähme
sprechen, parler.	gesprochen	ich sprach	ich spräche
stechen, piquer.	gestochen	ich stach	ich stäche
treffen, atteindre.	getroffen	ich traf	ich träfe
(*b*) befehlen, commander.	befohlen	ich befahl anc. befohl	ich beföhle
bersten, crever.	geborsten	ich barst ou borst	ich bärste ou börste
dreschen, battre le blé.	gedroschen	ich drasch ou drosch	ich dräsche ou drösche
empfehlen, (*voy.* befehlen.)			
gelten, valoir.	gegolten	ich galt ou golt	ich gälte ou gölte
pflegen, soigner.	gepflogen	ich pflag ou pflog	ich pfläge ou pflöge
schelten, injurier.	gescholten	ich schalt ou scholt	ich schälte ou schölte

personne, vingt-neuf verbes changent l'e du radical en i ;

Sept, en ie ; un, en i et en ie ;

Quatorze sont réguliers.

Impératif. Il prend la voyelle de la seconde personne du présent de l'indicatif.

PARTICIPE EN D.		
PRÉSENT.		IMPÉRATIF.
2ᵉ PERSONNE.	3ᵉ PERSONNE.	2ᵉ PERSONNE.
du birgst	er birgt	birg
du brichst	er bricht	brich
du erschrickst	er erschrickt	erschrick
du nimmst	er nimmt	nimm
du sprichst	er spricht	sprich
du stichst	er sticht	stich
du triffst	er trifft	triff
du befiehlst	er befiehlt	befiehl
* du birstest	* er birstet	birst
du drischest	er drisch(e)t	drisch
du giltst	er gilt	gilt
*du pflichst ou pfliegst mieux rég.	*er pflicht ou pfliegt mieux rég.	
du schiltst	er schilt	schilt

INFINITIF.	PARTICIPE PASSÉ.	IMPARFAIT DE L'INDICATIF.	IMPARFAIT DU SUBJONCTIF.
stehlen, voler.	gestohlen	ich stahl fam. stohl	ich stähle ou stöhle
(c) helfen, secourir.	geholfen	ich half anc. hulf	ich hülfe
sterben, mourir.	gestorben	ich starb fam. sturb	ich stärbe, stürbe
verderben, se gâter. — v. a. gâter; rég. et irrég.	verdorben	ich verdarb anc. verdurb	ich verdürbe
werben, enrôler.	geworben	ich warb anc. wurb	ich würbe
werfen, jeter.	geworfen	ich warf ou wurf	ich würfe
II.(d) bellen, aboyer. mieux régulier.	gebollen	ich boll	ich bölle
bewegen, émouvoir, au moral : (est rég. dans le sens physique).	bewogen	ich bewog	ich bewöge
fechten, combattre.	gefochten	ich focht	ich föchte
flechten, tresser.	geflochten	ich flocht	ich flöchte
melken, traire.	gemolken	ich molk	ich mölke
quellen, sourdre.	gequollen	ich quoll	ich quölle
scheren, tondre.	geschoren	ich schor	ich schöre
schmelzen, se fondre; (régulier dans le sens actif.)	geschmolzen	ich schmolz	ich schmölze
schwellen, enfler.	geschwollen	ich schwoll	ich schwölle
verhehlen, céler; autrefois : aujourd'hui rég.	verhohlen	ich verhohl	ich verhöhle

PRÉSENT.		IMPÉRATIF.
2ᵉ PERSONNE.	3ᵉ PERSONNE.	2ᵉ PERSONNE.
du stiehlst	er stiehlt	stiehl
du hilfst	er hilft	hilf
du stirbst	er stirbt	stirb
du verdirbst	er verdirbt	verdirb
du wirbst	er wirbt	wirb
du wirfst	er wirft	wirf
du billst	er billt	bill
rég.	rég.	rég.
du fichst	er ficht	ficht
du flichst	er flicht	flicht
* du milkst	* er milkt	milk
du quillst	er quillt	quill
* du schier(e)st	* er schiert	schier
du schmilzest	er schmilzt	schmilz
du schwillst	er schwillt	schwill
rég.	rég.	rég.

INFINITIF.	PARTICIPE PASSÉ.	IMPARFAIT DE L'INDICATIF.	IMPARFAIT DU SUBJONCTIF.
(e) heben, lever; rég. dans le disc. familier.	gehoben	ich hob ou hub	ich höbe ou hübe

B. Deuxième classe.

INFINITIF.	PARTICIPE PASSÉ.	IMPARFAIT DE L'INDICATIF.	IMPARFAIT DU SUBJONCTIF.
(f) essen, manger.	gegessen	ich aß	ich äße
fressen, manger; (en parlant des animaux).	gefressen	ich fraß	ich fräße
geben, donner.	gegeben	ich gab	ich gäbe
genesen, guérir, v. n.	genesen	ich genas	ich genäse
geschehen, se faire.	geschehen	es geschah	es geschähe
lesen, cueillir, lire.	gelesen	ich las	ich läse
messen, mesurer.	gemessen	ich maß	ich mäße
sehen, voir.	gesehen	ich sah	ich sähe
treten, marcher.	getreten	ich trat	ich träte
vergessen, oublier.	vergessen	ich vergaß	ich vergäße
(g) stecken, être fiché. sens n. rég. ou irr. sens act. rég.	rég.	ich stack	ich stäcke

C. Troisième classe.

INFINITIF.	PARTICIPE PASSÉ.	IMPARFAIT DE L'INDICATIF.	IMPARFAIT DU SUBJONCTIF.
(h) denken, penser.	gedacht	ich dachte	ich dächte
stehen, être debout.	gestanden	ich stand ou stund	ich stände ou stünde

	PRÉSENT.		IMPÉRATIF.
	2ᵉ PERSONNE.	3ᵉ PERSONNE.	2ᵉ PERSONNE.
	rég.	rég.	rég.

PARTICIPE EN ℓ.

du issest	er isset *ou* ißt	iß
du frissest	er frisset *ou* frißt	friß
du gibst	er gibt	gib
rég.	rég.	rég.
»	es geschieht	manque.
du liesest	er lies(e)t	lies
du missest	er misset *ou* mißt	miß
du siehst	er sieht	sieh
du trittst	er tritt	tritt
du vergissest	er vergißt	vergiß
rég.	rég.	rég.

PARTICIPE EN a.

rég.	rég.	rég.
rég.	rég.	rég.

INFINITIF.	PARTICIPE PASSÉ.	IMPARFAIT.	
		DE L'INDICATIF.	DU SUBJONCTIF.
(i) brennen, brûler.	gebrannt	ich brannte	rég.
kennen, connaître.	gekannt	ich kannte	rég.
nennen, nommer.	genannt	ich nannte	rég.
rennen, courir.	gerannt	ich rannte	rég.
senden, envoyer.	* gesandt	* ich sandte	rég.
wenden, tourner.	* gewandt	* ich wandte	rég.
(k) gehen, aller.	gegangen	ich ging	ich ginge

§ 76.

Ei

(41 verbes.)

Parmi les verbes qui ont ei au radical, vingt-trois

INFINITIF.	PARTICIPE PASSÉ.	IMPARFAIT	
		DE L'INDICATIF.	DU SUBJONCTIF.
(a) befleißen (sich), s'appliquer.	beflissen	ich befliß	ich beflisse
beißen, mordre.	gebissen	ich biß	ich bisse
erbleichen, pâlir.	erblichen	ich erblich	ich erbliche
gleichen, ressembler.	geglichen	ich glich	ich gliche
gleiten, glisser.	geglitten	ich glitt	ich glitte
greifen, saisir.	gegriffen	ich griff	ich griffe
keifen, criailler.	gekiffen	ich kiff	ich kiffe
kneifen, pincer.	gekniffen	ich kniff	ich kniffe
kneipen, id.	geknippen	ich knipp	ich knippe

— 85 —

PRÉSENT.		IMPÉRATIF.
2ᵉ PERSONNE.	3ᵉ PERSONNE.	2ᵉ PERSONNE.
rég.	rég.	rég.
rég.	rég.	rég.
rég.	rég.	rég.
rég.	rég.	rég.
rég.	rég.	rég.
rég.	rég.	rég.
rég.	rég.	rég.

changent cette diphthongue en i au *participe*, à l'*imparfait de l'indicatif* et *du subjonctif*. (a)

Seize la changent en ie aux mêmes temps. (b)

Exception. Le verbe heißen, *nommer, se nommer*, garde ei au participe et ne prend ie qu'à l'imparfait. (c)

Le *présent* et l'*impératif* sont toujours réguliers.

PRÉSENT.		IMPÉRATIF.
2ᵉ PERSONNE.	3ᵉ PERSONNE.	2ᵉ PERSONNE.
rég.	rég.	rég.
rég.	rég.	rég.
rég.	rég.	rég.
rég.	rég.	rég.
rég.	rég.	rég.
rég.	rég.	rég.
rég.	rég.	rég.
rég.	rég.	rég.
rég.	rég.	rég.

INFINITIF.	PARTICIPE PASSÉ.	IMPARFAIT.	
		DE L'INDICATIF.	DU SUBJONCTIF.
leiden, souffrir.	gelitten	ich litt	ich litte
pfeifen, siffler.	gepfiffen	ich pfiff	ich pfiffe
reißen, rompre.	gerissen	ich riß	ich risse
reiten, aller à cheval.	geritten	ich ritt	ich ritte
scheißen, aller à la selle.	geschissen	ich schiß	ich schisse
schleichen, se glisser.	geschlichen	ich schlich	ich schliche
schleifen, aiguiser.	geschliffen	ich schliff	ich schliffe
schleißen, fendre.	geschlissen	ich schliß	ich schlisse
schmeißen, jeter.	geschmissen	ich schmiß	ich schmisse
schneiden, couper.	geschnitten	ich schnitt	ich schnitte
schreiten, marcher.	geschritten	ich schritt	ich schritte
spleißen, fendre.	gesplissen	ich spliß	ich splisse
streichen, frotter.	gestrichen	ich strich	ich striche
verbleichen, pâlir; (voy. erbleichen).			
vergleichen, comparer; (v. gleichen).			
weichen, céder.	gewichen	ich wich	ich wiche
(b) bleiben, rester.	geblieben	ich blieb	ich bliebe
gedeihen, prospérer.	gediehen	ich gedieh	ich gediehe
leihen, prêter.	geliehen	ich lieh	ich liehe
meiden, éviter.	gemieden	ich mied	ich miede
preisen, priser.	gepriesen	ich pries	ich priese
reiben, frotter.	gerieben	ich rieb	ich riebe
scheiden, se séparer; (rég. dans le sens act.)	geschieden	ich schied	ich schiede
scheinen, sembler.	geschienen	ich schien	ich schiene
schreiben, écrire.	geschrieben	ich schrieb	ich schriebe

PRÉSENT.		IMPÉRATIF.
2ᵉ PERSONNE.	3ᵉ PERSONNE.	2ᵉ PERSONNE.
rég.	rég.	rég.
rég.	rég.	rég.
rég.	rég.	rég.
rég.	rég.	rég.
rég.	rég.	rég.
rég.	rég.	rég.
rég.	rég.	rég.
rég.	rég.	rég.
rég.	rég.	rég.
rég.	rég.	rég.
rég.	rég.	rég.
rég.	rég.	rég.
rég.	rég.	rég.
rég.	rég.	rég.
rég.	rég.	rég.
rég.	rég.	rég.
rég.	rég.	rég.
rég.	rég.	rég.
rég.	rég.	rég.
rég.	rég.	rég.
rég.	rég.	rég.
rég.	rég.	rég.

INFINITIF.	PARTICIPE PASSÉ.	IMPARFAIT	
		DE L'INDICATIF.	DU SUBJONCTIF
schreyen, crier.	geschrien	ich schrie	ich schriee
schweigen, se taire.	geschwiegen	ich schwieg	ich schwiege
speyen, cracher.	gespien	ich spie	ich spiee
steigen, monter.	gestiegen	ich stieg	ich stiege
treiben, pousser.	getrieben	ich trieb	ich triebe
verzeihen, pardonner; (*voy.* zeihen).			
weisen, montrer.	gewiesen	ich wies	ich wiese
zeihen, accuser.	geziehen	ich zieh	ich ziehe
(c) heißen, se nommer.	geheißen	ich hieß	ich hieße

§ 77.

I

(29 verbes.)

Parmi les verbes qui, au radical, ont i pour voyelle principale,

Dix-huit prennent u au *participe.* (*a*)

Huit prennent o. (*b*)

Deux changent i en e. (*c*)

Un seul, le verbe bringen, *apporter*, fait le participe en a. (*d*)

L'*imparfait de l'indicatif* est en a.

Cependant wirren, *brouiller,*
et klimmen, *gravir* (peu usité),

	PRÉSENT.	IMPÉRATIF.
2ᵉ PERSONNE	3ᵉ PERSONNE.	2ᵉ PERSONNE.
rég.	rég.	rég.
rég.	rég.	rég.
rég.	rég.	rég.
rég.	rég.	rég.
rég.	rég.	rég.
rég.	rég.	rég.
rég.	rég.	rég.
rég.	rég.	rég.

changent i en o, et

dingen, *marchander*,

schinden, *écorcher*,

et wissen, *savoir*, prennent u.

L'*imparfait du subjonctif* change en ö, ä, ü, les lettres a, o, u de l'imparfait de l'indicatif;

rinnen, *couler*, fait tantôt ränne et tantôt rönne,

et le verbe beginnen, *commencer*, prend ö, quoiqu'il ait l'imparfait de l'indicatif en a.

Le *présent de l'indicatif* et l'*impératif* sont réguliers, excepté dans wissen, *savoir*.

INFINITIF.	PARTICIPE PASSÉ.	IMPARFAIT	
		DE L'INDICATIF.	DU SUBJONCTIF.
(a) binden, lier.	gebunden	ich band	ich bände
dringen, presser.	gedrungen	ich drang	ich dränge
empfinden, sentir, (voy. finden).			
finden, trouver.	gefunden	ich fand	ich fände
gelingen, réussir.	gelungen	es gelang	es gelänge
klingen, sonner.	geklungen	ich klang	ich klänge
ringen, lutter.	gerungen	ich rang	ich ränge
schlingen, entrelacer, avaler.	geschlungen	ich schlang	ich schlänge
schwinden, décroître, disparaître.	geschwunden	ich schwand	ich schwände
singen, chanter.	gesungen	ich sang	ich sänge
sinken, enfoncer, tomber doucement.	gesunken	ich sank	ich sänke
springen, sauter.	gesprungen	ich sprang	ich spränge
stinken, puer.	gestunken	ich stank	ich stänke
trinken, boire.	getrunken	ich trank	ich tränke
verschwinden, (voy. schwinden).			
winden, tordre, guinder.	gewunden	ich wand	ich wände
zwingen, forcer.	gezwungen	ich zwang	ich zwänge
bedingen, stipuler, (voy. dingen).			
dingen, engager, marchander.	gedungen	ich dung	ich dünge
schinden, écorcher.	geschunden	ich schund	ich schünde
Ces 2 dern. verbes sont aussi rég.			
wissen, savoir.	gewußt	ich wußte	ich wüßte

	PRÉSENT.		IMPÉRATIF.
	2ᵉ PERSONNE.	3ᵉ PERSONNE.	2ᵉ PERSONNE.
	rég.	rég.	rég.
	rég.	rég.	rég.
	rég.	rég.	rég.
	rég.	rég.	rég.
	rég.	rég.	rég.
	rég.	rég.	rég.
	rég.	rég.	rég.
	rég.	rég.	rég.
	rég.	rég.	rég.
	rég.	rég.	rég.
	rég.	rég.	rég.
	rég.	rég.	rég.
	rég.	rég.	rég.
	rég.	rég.	rég.
	rég.	rég.	rég.
	rég.	rég.	rég.
	rég.	rég.	rég.
	ich weiß, du weißt	er weiß	rég.

| INFINITIF. | PARTICIPE PASSÉ. | IMPARFAIT. ||
		DE L'INDICATIF.	DU SUBJONCTIF.
(b) sich besinnen, se raviser (voy. sinnen).			
gewinnen, gagner.	gewonnen	ich gewann	ich gewänne
schwimmen, nager.	geschwommen	ich schwamm	ich schwämme
sinnen, penser.	gesonnen	ich sann	ich sänne
spinnen, filer.	gesponnen	ich spann	ich spänne
rinnen, couler.	geronnen	ich rann	ich ränne ou rönne
beginnen, commencer.	begonnen	ich begann, anc. begonn	ich begönne
klimmen, gravir.	geklommen	ich klomm	ich klömme
verwirren, embrouiller, (voy. wirren).			
wirren, brouiller.	geworren	ich worr	ich wörre
(c) bitten, prier.	gebeten	ich bat ou bath	ich bäte ou bäthe
sitzen, être assis, s'asseoir.	gesessen	ich saß	ich säße
(d) bringen, apporter	gebracht	ich brachte	ich brächte

PRÉSENT.		IMPÉRATIF.
2ᵉ PERSONNE.	3ᵉ PERSONNE.	2ᵉ PERSONNE.
rég.	rég.	rég.
rég.	rég.	rég.
rég.	rég.	rég.
rég.	rég.	rég.
rég.	rég.	rég.
rég.	rég.	rég.
rég.	rég.	rég.
rég.	rég.	rég.
rég.	rég.	rég.
rég.	rég.	rég.
rég.	rég.	rég.

§ 78.

Ie

(23 verbes.)

Les verbes qui ont ie au radical, changent cette diph-

INFINITIF.	PARTICIPE PASSÉ.	IMPARFAIT DE L'INDICATIF.	IMPARFAIT DU SUBJONCTIF.
(a) betriegen, tromper, (voy. triegen).			
biegen, plier.	gebogen	ich bog	ich böge
bieten, offrir.	geboten	ich bot	ich böte
erfrieren, mourir de froid; (voy. frieren).			
fliegen, voler.	geflogen	ich flog	ich flöge
fliehen, fuir.	geflohen	ich floh	ich flöhe
fließen, couler.	geflossen	ich floß	ich flöße
frieren, geler.	gefroren	ich fror	ich fröre
gebieten, ordonner, (voy. bieten).			
genießen, jouir.	genossen	ich genoß	ich genöße
gießen, verser.	gegossen	ich goß	ich göße
kriechen, ramper.	gekrochen	ich kroch	ich kröche
riechen, flairer.	gerochen	ich roch	ich röche
schieben, pousser.	geschoben	ich schob	ich schöbe
schießen, tirer.	geschossen	ich schoß	ich schöße
schließen, fermer.	geschlossen	ich schloß	ich schlöße
schnieben, souffler.	geschnoben	ich schnob	ich schnöbe
sieden, bouillir.	gesotten	ich sott	ich sötte

thongue en o au *participe* et à l'*imparfait de l'indicatif*, et adoucissent l'o en ö à l'*imparfait du subjonctif*. (*a*)

Exception. Liegen, *être couché;* participe, gelegen; imparfait de l'indicatif, ich lag, imparfait du subjonctif, ich läge. (*b*)

Le *présent de l'indicatif* et l'*impératif* sont réguliers.

PRÉSENT.		IMPÉRATIF.
2ᵉ PERSONNE.	3ᵉ PERSONNE.	2ᵉ PERSONNE.
rég.	rég.	rég.
rég.*	rég.	rég.
rég.*	rég.	rég.
rég.*	rég.	rég.
rég.*	rég.	rég.
rég.*	rég.	rég.
rég.*	rég.	rég.
rég.*	rég.	rég.
rég.*	rég.	rég.
rég.*	rég.	rég.
rég.*	rég.	rég.
rég.*	rég.	rég.
rég.*	rég.	rég.
rég.	rég.	rég.
rég.*	rég.	rég.

INFINITIF.	PARTICIPE PASSÉ.	IMPARFAIT.	
		DE L'INDICATIF.	DU SUBJONCTIF.
sprießen, bourgeonner.	gesprossen	ich sproß	ich spröße
stieben, s'en aller en poussière.	gestoben	ich stob	ich stöbe
triegen, tromper.	getrogen	ich trog	ich tröge
verdrießen, fâcher, (*verbe impers.*)	verdrossen	es verdroß	es verdröße
verlieren, perdre.	verloren	ich verlor	ich verlöre
verstieben, *voy.* stieben.			
wiegen, peser.	gewogen	ich wog	ich wöge
ziehen, tirer.	gezogen	ich zog	ich zöge
(*b*) liegen, coucher.	gelegen	ich lag	ich läge

Remarque. Les verbes marqués d'un astérisque changent

§ 79.

K

(4 verbes.)

INFINITIF.	PARTICIPE PASSÉ.	IMPARFAIT	
		DE L'INDICATIF.	DU SUBJONCTIF.
kommen, venir.	gekommen	ich kam	ich käme
stoßen, pousser, heurter.	gestoßen	ich stieß	ich stieße
sollen, devoir.	rég.	rég.	rég.
wollen, vouloir.	rég.	rég.	rég.

PRÉSENT.		IMPÉRATIF.
2ᵉ PERSONNE.	3ᵉ PERSONNE.	2ᵉ PERSONNE.
rég.*	rég.	rég.
rég.	rég.	rég.
rég.	rég.	rég.
«	rég.	rég.
rég.	rég.	rég.
rég.	rég.	rég.
rég.	rég.	rég.
rég.	rég.	rég.

aussi en poésie la diphthongue ei en eu, aux seconde et troisième personnes du singulier du présent de l'indicatif et à la seconde personne du singulier de l'impératif.

§ 79.

O

(4 verbes.)

PRÉSENT.			IMPÉRATIF.
1ᵉ PERSONNE.	2ᵉ PERSONNE.	3ᵉ PERSONNE.	2ᵉ PERSONNE.
rég.	* du kömmst	* er kömmt	rég.
rég.	du stößest	er stöß(e)t	rég.
ich soll	du sollst	er soll	manque
ich will	du willst	er will	will

§ 80. Ö (4 verbes).

INFINITIF.	PARTICIPE PASSÉ.	IMPARFAIT	
		DE L'INDICATIF.	DU SUBJONCTIF.
erlöschen, s'éteindre.	erloschen	ich erlosch	ich erlösche
können, pouvoir.	gekonnt	ich konnte	ich könnte
mögen, vouloir, pouvoir.	gemocht	ich mochte	ich möchte
schwören, jurer.	geschworen	ich schwor ou schwur	ich schwöre ou schwüre

§ 81. U (2 verbes).

INFINITIF.	PARTICIPE PASSÉ.	IMPARFAIT	
		DE L'INDICATIF.	DU SUBJONCTIF.
rufen, appeler.	* gerufen	* ich rief	* ich riefe
thun, faire.	gethan	ich that	ich thäte

§ 82. Ü (4 verbes).

INFINITIF.	PARTICIPE PASSÉ.	IMPARFAIT	
		DE L'INDICATIF.	DU SUBJONCTIF.
dürfen, oser, pouvoir.	gedurft	ich durfte	ich dürfte
müssen, falloir.	gemußt	ich mußte	ich müßte
lügen, mentir.	gelogen	ich log	ich löge
trügen, tromper.	getrogen	ich trog	ich tröge

§ 80. ö (4 verbes).

PRÉSENT.			IMPÉRATIF.
1. PERSONNE.	2. PERSONNE.	3. PERSONNE.	2ᵉ PERSONNE.
rég.	du erlischest	er erlisch(e)t	erlisch
ich kann	du kannst	er kann	manque
ich mag	du magst	er mag	manque
rég.	rég.	rég.	rég.

§ 81. u (2 verbes).

PRÉSENT.			IMPÉRATIF.
1. PERSONNE.	2. PERSONNE.	3. PERSONNE.	2ᵉ PERSONNE.
rég.	rég.	rég.	rég.
ich thu(e)	du thust	er thut	rég.
wir thun	ihr thut	sie thun	

§ 82. ü (4 verbes).

PRÉSENT.			IMPÉRATIF.
1. PERSONNE.	2. PERSONNE.	3. PERSONNE.	2ᵉ PERSONNE.
ich darf	du darfst	er darf	manque
ich muß	du mußt	er muß	manque
rég.	rég.*	rég.	rég.
rég.	rég.	rég.	rég.

§ 83.

TABLEAU RÉSUMÉ DES ALTÉRATIONS DE LA VOYELLE PRINCIPALE DU RADICAL.

VOYELLE DE L'INFINITIF.	PARTICIPE.	IMPARFAIT DE L'INDICATIF.	IMPARFAIT DU SUBJONCTIF.	PRÉSENT 2ᵉ et 3ᵉ personnes.	IMPÉRATIF 2ᵉ PERSONNE.
a (21)	a (20)	ie / i / u / o	ie (8) / i (2) / ü (10) / ö	ä / ä (8) / rég. (2) / rég. (1)	régulier.
au (5)	o / au	o / ie	ö / ie (2)	rég. (3) / rég. (1) / äu (1)	régulier.
ä (5)	o (5)	o / a	ö / ä	rég. / ie	rég. (4) / ie (1)
e (51)	o (31)	a / a ou o / a ou u / o / o ou u	ä (7) / ä ou ö (7) / ä ou ü (5) / ö (10) / ö ou ü	i / rég.	i / rég. (1)
	e	a	ä (11)	i	i (10)
				rég.	rég. (1)
	a (9)	a (8) / i	ä (2) / rég. (6) / i (1)	rég.	rég.
ei (40)	i / ie (16) / ei (1)	i / ie	i (23) / ie	rég.	rég.

§ 83.

SUITE DU TABLEAU RÉSUMÉ DES ALTÉRATIONS DE LA VOYELLE PRINCIPALE DU RADICAL.

VOYELLE DE L'INFINITIF.	PARTICIPE.	IMPARFAIT DE L'INDICATIF.	IMPARFAIT DU SUBJONCTIF.	PRÉSENT 2ᵉ et 3ᵉ personnes.	IMPÉRATIF 2ᵉ PERSONNE.
i (29)	u (18)	a	ä	rég.	rég. (15)
		u	ü	rég.	rég. (2)
		u	ü	ci	rég. (1)
	o (8)	a	ä (5)		
		o	ö (3)		
	e (2)				
	a (1)	a	ä	rég.	rég.
ie (23)	o	o	ö (22)	rég.	rég.
	e	a	ä (1)		
o (4)	rég.	rég.	rég. (2)	rég.	manq. (1)
				i	i (1)
	o (2)	a	ä	rég. ou ö	rég.
		ie	ie	ö	
ö (4)	o (4)	o	ö (3)	i	i (1)
				a	manq. (2)
		o ou u	ö ou ü	rég.	rég. (1)
u (2)	u	ie	ie	rég.	rég.
	a	a	ä		
ü (4)	u	u	ü (2)	a (1)	rég.
	o	o	ö	u (1)	
				rég. (2)	

II. Altération des consonnes.

§ 84.

Ces altérations ne peuvent porter que sur les consonnes qui suivent la voyelle du radical, sujette à varier.

§ 85.

I. Lorsqu'une voyelle brève, suivie d'une consonne redoublée, est remplacée par une voyelle longue, on retranche l'une des deux consonnes. *Ex.* :

Ich falle, je tombe (a *bref*); ich fiel, je tombais (ie *long*); Ich bitte, je prie; ich bat *ou* bath, je priais.

Au contraire, la consonne se redouble, lorsque la voyelle longue qui la précède, se change en brève. *Ex.* :

Ich streite, je combats, je dispute (ei *long*);
ich stritt, je combattais (i *bref*).

Exceptions :

1. On ne redouble jamais les consonnes composées, simples en prononciation. *Ex.* :

Erbleichen, pâlir; ich erblich, je pâlissais.
Weichen, céder; ich wich, je cédais.
Kreischen, crier; ich krisch, je criais.

2. Le verbe geben ne redouble pas le b à l'impératif et au présent, quoiqu'il prenne l'i bref : gib, *donne*.

§ 86.

II. La consonne double ff se change en ß, quand, d'après les règles de formation, il arrive

1° Qu'elle se trouve à la fin d'un mot. *Ex.* :

essen, manger; ich aß, je mangeais; iß, mange.

2° Qu'elle soit suivie d'une autre consonne. *Ex.* :

er ißt, il mange (*pour* er isset).

3° Que la voyelle brève qui la précède, se change en longue:

essen (*e bref*), ich äße, (que) je mangeasse (*ä long*).

Au contraire, ß se change en ss, lorsque, d'après les variations éprouvées par le verbe, elle se trouve précédée d'une voyelle brève. *Ex.* :

beißen, mordre (*ei long*) ; gebissen, mordu (*i bref*) ;
ich bisse, (que) je mordisse (*i bref*).

Le verbe sitzen, *être assis,* forme son participe et ses imparfaits de l'indicatif et du subjonctif, comme si son infinitif était sessen :

Participe, gesessen; *imparfait de l'indicatif,* ich saß;
imparfait du subjonctif, ich säße.

§ 87.

III. Les deux verbes schneiden et sieden changent la douce b en la forte correspondante t, au participe et aux deux imparfaits, où ils abrègent la longue de l'infinitif. Les autres temps sont réguliers :

schneiden, couper; geschnitten, ich schnitt, ich schnitte :
sieden, bouillir, faire bouillir; gesotten, ich sott, ich sötte.

Les verbes mögen et bringen changent aux mêmes temps la douce g en sa forte ch. Le g reparait au présent de l'indicatif :

mögen, vouloir; gemocht, ich mochte, ich möchte :
bringen, apporter; gebracht, ich brachte, ich brächte.

On voit que bringen perd en outre la lettre n. Il en est de même de denken, qui change aussi en ch le k du radical :

denken, penser; gedacht, ich dachte, ich dächte.

Le verbe ziehen, *tirer*, remplace par un g le h de l'infinitif, au participe et aux deux imparfaits :

gezogen, ich zog, ich zöge.

Hauen, *tailler*, prend un b aux deux imparfaits :

ich hieb, ich hiebe.

IV. Il est impossible de soumettre à aucune règle les altérations de la consonne dans les verbes gehen, *aller*, et stehen, *être debout*. On est pour ainsi dire obligé de leur supposer à chacun un double radical :

gehen, gegangen, ich ging, ich ginge.
stehen, gestanden, ich stand, ich stände.

V. La consonne du radical n'est sacrifiée que très-rarement à l'euphonie; comme dans les deux verbes haben, *avoir*, et werden, *devenir* :

haben, ich hatte, ich hätte, du hast, er hat.
werden, du wirst.

§ 88.

VERBES QUI ALTÈRENT LE RADICAL SANS ALTÉRER LA TERMINAISON.

Ce que nous avons dit jusqu'à présent touchant les modifications du radical, s'applique à tous les verbes irréguliers. Cependant on a pu remarquer dans nos tableaux partiels que certains verbes demeuraient réguliers quant à la terminaison. Ce sont d'abord ceux en enne et ceux en enbe, dont la terminaison est régulière à tous les temps, et qui n'altèrent la voyelle du radical qu'au participe et à l'imparfait de l'indicatif. (On les trouvera tous réunis au tableau des verbes irréguliers qui ont e pour voyelle principale, § 75).

Joignez-y les verbes bringen, *apporter*, et denken, *penser*, qui n'altèrent aussi que le radical :

		Imparfait	
Infinitif.	*Participe.*	*Indicatif.*	*Subjonctif.*
bringen,	gebracht,	ich brachte,	ich brächte ;
denken,	gedacht,	ich dachte,	ich dächte.

Les suivans n'altèrent la terminaison qu'au présent. Leur irrégularité consiste à retrancher l'e de la première personne et le t de la troisième. L'impératif manque à presque tous ces verbes.

TABLEAU DES VERBES IRRÉGULIERS

Qui n'altèrent que la terminaison du présent de l'indicatif.

INFINITIF.	PARTICIPE PASSÉ.	IMPARFAIT.	
		DE L'INDICATIF.	DU SUBJONCTIF.
sollen, devoir.	rég.	rég.	rég.
wollen, vouloir.	rég.	rég.	rég.
dürfen, oser, pouvoir.	gedurft	ich durfte	ich dürfte
können, pouvoir.	gekonnt	ich konnte	ich könnte
mögen, vouloir, pouvoir.	gemocht	ich mochte	ich möchte
müssen, falloir.	gemußt	ich mußte	ich müßte
wissen, savoir.	gewußt	ich wußte	ich wüßte

§ 89.

VERBES COMPOSÉS.

Quelques adverbes et quelques prépositions, qui entrent dans la composition des verbes, s'en séparent aux temps simples de l'indicatif et du subjonctif, et à l'impératif, toutes les fois que le verbe n'est pas à la fin de la proposition. Ces mots ainsi séparés se rejettent après le verbe qu'ils modifient et souvent même à la fin de la phrase.

TABLEAU DES VERBES IRRÉGULIERS

Qui n'altèrent que la terminaison du présent de l'indicatif.

PRÉSENT DE L'INDICATIF.			IMPÉRATIF.
1. PERSONNE.	2. PERSONNE.	3. PERSONNE.	
ich soll	du sollst	er soll	manque
ich will	du willst	er will	rég.
ich darf	du darfst	er darf	manque
ich kann	du kannst	er kann	manque
ich mag	du magst	er mag	manque
ich muß	du mußt	er muß	manque
ich weiß	du weißt	er weiß	rég.

On trouvera au livre III (§ 108-110) la liste de ces adverbes et de ces prépositions séparables. Nous nous contenterons de donner ici la conjugaison d'un de ces verbes composés, afin de mettre sous les yeux l'application de la règle que nous venons d'établir.

INFINITIF.	
Présent.	abschreiben, copier; abzuschreiben, de, à copier; um abzuschreiben, pour copier.
Passé.	abgeschrieben haben, avoir copié.
Futur.	abschreiben werden, devoir copier.

PARTICIPE.	
Présent.	abschreibend, copiant.
Passé.	abgeschrieben, copié.

		INDICATIF.	SUBJONCTIF.
PRÉSENT.	S. 1 p.	ich schreibe ab, je copie;	ich schreibe ab, (que) je copie;
	2	du schreib(e)st ab,	du schreibest ab,
	3	er schreib(e)t ab,	er schreibe ab,
	P. 1	wir schreiben ab,	wir schreiben ab,
	2	ihr schreib(e)t ab,	ihr schreibet ab,
	3	sie schreiben ab.	sie schreiben ab.
IMPARFAIT.	S. 1	ich schrieb ab, je copiais *ou* je copiai;	ich schriebe ab, (que) je copiasse;
	2	du schrieb(e)st ab,	du schriebest ab,
	3	er schrieb ab,	er schriebe ab,
	P. 1	wir schrieben ab,	wir schrieben ab,
	2	ihr schriebet ab,	ihr schriebet ab,
	3	sie schrieben ab.	sie schrieben ab.
PARFAIT.	S. 1	ich habe abgeschrieben, j'ai copié;	ich habe abgeschrieben, (que) j'aie copié;
	2	du hast —	du habest —
	3	er hat —	er habe —
	P. 1	wir haben —	wir haben —
	2	ihr habt —	ihr habet —
	3	sie haben —	sie haben —

	INDICATIF.	SUBJONCTIF.
PLUSQUEPARF.	S. 1 p. ich hatte abgeschrieben, j'avais copié; 2 du hattest — 3 er hatte — P. 1 wir hatten — 2 ihr hattet — 3 sie hatten —	ich hätte abgeschrieben, (que) j'eusse copié; du hättest — er hätte — wir hätten — ihr hättet — sie hätten —
FUTUR.	S. 1 p. ich werde abschreiben, je copierai; 2 du wirst — 3 er wird — P. 1 wir werden — 2 ihr werdet — 3 sie werden —	ich werde abschreiben, (que) je copierai; du werdest — er werde — wir werden — ihr werdet — sie werden —
FUTUR PASSÉ.	S. 1 ich werde abgeschrieben haben, j'aurai copié; 2 du wirst — — 3 er wird — — P. 1 wir werden — — 2 ihr werdet — — 3 sie werden — —	ich werde abgeschrieben haben, (que) j'aurai copié; du werdest — — er werde — — wir werden — — ihr werdet — — sie werden — —
CONDITIONNEL.	S. 1 2 3 P. 1 2 3	ich würde abschreiben, je copierais; du würdest — er würde — wir würden — ihr würdet — sie würden —

	INDICATIF.	SUBJONCTIF.
CONDIT. PASSÉ.	S. 1 p. 2 3 P. 1 2 3	ich würde abgeschrieben haben, j'aurais copié; du würdest — — er würde — — wir würden — — ihr würdet — — sie würden — —

IMPÉRATIF.

S. 2. schreibe ab, copie.

3. er schreibe ab, qu'il copie.

P. 1. schreiben wir ab, copions.

2. schreib(e)t ihr ab, copiez.

3. sie schreiben ab, qu'ils copient.

LIVRE TROISIÈME.

CHAPITRE I.

DE LA PRÉPOSITION. (Vorwort.)

Parmi les prépositions allemandes, les unes sont simples, les autres dérivées ou composées; quelques-unes même sont des participes ou des substantifs, devant lesquels on est obligé de sous-entendre une autre préposition.

§ 90.

PRÉPOSITIONS SIMPLES.

Allemand.	Français.	Régime.
an,	à, près de,	accus. et dat.
auf,	sur,	id.
aus,	hors de (*ex* des Latins),	datif.
bey,	chez, auprès (*apud*),	id.
durch,	par, à travers (*per*, διά),	accusatif.
für,	pour,	id.
gegen (*qfois* gen),	vers, envers, contre,	id.

halb, (*n'est usité qu'en composit.*),	vers	génitif.
hinter,	derrière,	accus. et dat.
in,	dans (*in*),	id.
mit,	avec,	datif.
nach,	après, selon, vers,	id.
neben,	à côté de,	accus. et dat.
ohne,	sans,	accusatif.
über,	sur, au-dessus de,	accus. et dat.
um,	autour de, pour,	accusatif.
unter,	sous, au-dessous de, entre, parmi,	accus. et dat.
von,	de (*e* ou *ab*),	datif.
vor,	avant, devant,	accus. et dat.
wider,	contre,	accusatif.
zu,	à, pour, chez (*ad*),	datif.

§ 91.

PRÉPOSITIONS DÉRIVÉES OU COMPOSÉES.

1° Dérivées d'une autre préposition :

außer, hors de, hormis, outre,   datif.
binnen, dans l'espace de,   id.
halben, ⎱ (*ne sont usités qu'en compo-*
halber, ⎰ *sition*), par rapport à, pour,   génitif.

2° Composées de deux prépositions :

außerhalb, hors de, vers le dehors,
innerhalb, dans l'intérieur de, vers
   le dedans,
oberhalb, vers le haut,   génitif.
unterhalb, vers le bas,
hinterhalb, vers le derrière,

gegenüber, vis-à-vis de,	datif.
zuwider, contre, malgré,	id.

3° D'une préposition et d'un autre mot :

anstatt (an, *à*; statt, *place*), à la place de, au lieu de (*voy. plus bas* statt),	génitif.
entgegen, contre, à la rencontre de,	datif.
zufolge (zu, *à, par*; Folge, *suite*), par suite de, en conséquence de,	génitif.
umwillen, (um, *pour*; Willen, *volonté*), pour l'amour de, à cause de,	id.

4° Substantifs, verbes simples ou composés tenant lieu de prépositions. (Quelques-uns de ces mots modifient leur terminaison primitive.)

statt, au lieu de, à la place de,	génitif.
kraft, en vertu de,	id.
vermöge, en vertu de, suivant,	id.
laut, selon, conformément à,	id.
mittelst, au moyen de,	id.
vermittelst, moyennant,	id.
biesseits, (*de ce côté-ci*) en-deçà de,	id.
jenseits, (*de ce côté-là*) au-delà de,	id.
längs, le long de,	dat. *et rar.* gén.
ungeachtet, (*non considéré*) nonobstant, malgré,	génitif.
unangesehen, (*non regardé*) malgré, sans avoir égard à,	id.
unbeschadet (*non endommagé*) sans préjudice de,	id.
während, durant,	id.

§ 92.

Souvent, dans le discours familier, les prépositions se réunissent en un seul mot avec le datif et l'accusatif de l'article défini. *Ex.* :

am pour an dem,	vom pour von dem,
ans pour an das,	vorm pour vor dem,
aufs pour auf das,	vors pour vor das,
durchs pour durch das,	überm pour über dem,
fürs pour für das,	übern pour über den,
hinterm pour hinter dem,	übers pour über das,
hintern pour hinter den,	unterm pour unter dem,
hinters pour hinter das,	untern pour unter den,
im pour in dem,	zum pour zu dem,
ins pour in das,	zur pour zu der.

Remarque. Les contractions am, im, zur et aufs sont usitées dans le style relevé.

Au reste, ces diverses contractions n'ont lieu qu'autant qu'elles ne blessent point l'oreille. On ne pourrait donc pas dire aufm Fenster, *sur la fenêtre*, parce que la prononciation de aufm serait désagréable.

CHAPITRE II.

DE L'ADVERBE (Nebenwort ou Umstandswort).

§ 93.

Les principales circonstances ou modifications que l'adverbe peut exprimer, se réduisent à huit :

1° Le lieu,
2° Le temps,
3° La manière ou la qualité,
4° La quantité,
5° L'interrogation,
6° L'affirmation,
7° La négation,
8° Le doute.

I. LIEU.

§ 94.

Les principaux adverbes de lieu sont :

hier, ici;
da, là;
wo, où;
dort, là (*plus éloigné que* da);
weit, } loin;
fern, }
nahe, proche;
hinten, derrière;
vorn, devant;
vorwärts, en avant;

irgendwo, quelque part;
nirgend, nirgends, } nulle
nirgendswo, } part;
überall, partout;
seitwärts, sur le côté;
zurück, en arrière;
rückwärts, } en arrière;
rücklings, }
heim, au logis;

oben, en haut;	inwendig, intérieurement, en dedans;
unten, en bas;	
außen, en dehors;	auswendig, extérieurement, en dehors.
innen, en dedans;	

Joignez-y les deux mots suivans :

1° her, ici (*mouvement vers le lieu où est la personne qui parle*);

2° hin, là (*mouvement vers un but éloigné de la personne qui parle*).

Ces deux adverbes sont très usités, et ne peuvent se traduire exactement en français. Combinés tantôt avec des prépositions, tantôt avec d'autres adverbes, ils servent à former un grand nombre d'adverbes de lieu. Dans ces mots ainsi composés, her et hin marquent le but et l'autre partie du mot indique la manière dont se fait le mouvement.

§ 95.

1° her et hin combinés avec une préposition :

Prépos.	Adverbes.
ab (1), de, en bas;	herab, hinab, en bas.
an, à, près de;	heran, hinan, près, tout auprès.
auf, sur;	herauf, hinauf, en haut.
aus, hors de;	heraus, hinaus, en dehors.

---

(1) Ab ne se trouve point dans la liste des prépositions, parce que cette particule n'est plus usitée que dans les mots composés.

bey, chez ; herbey, hinbey, auprès.
ein (*en compos.*
   pour in), dans ; herein, hinein, dedans.
nach, après ; hernach, hinnach, après.
über, au-dessus
   de, sur ; herüber, hinüber, par-dessus, au-delà,
                       en-deçà.
um, autour de ; herum, hinum, à l'entour.
unter, au-des-
   sous de, sous ; herunter, hinunter, en bas.
vor, devant,
   avant ; hervor, hinvor, par devant, en avant.
zu, à, chez ; herzu, hinzu, auprès, à cela.

2° her et hin combinés avec d'autres adverbes :

hier, ici ; hierher, *et plus sou-* hierhin, par ici.
            vent hieher, par
            (vers) ici ;
da, là ; daher, de là ; dahin, par là.
wo, où ; woher, d'où ; wohin, par où, vers
                              quel lieu.
dort, là-bas ; dorther, de là-bas ; dorthin, par là-bas.
oben, en haut ; obenher, d'en haut ; obenhin, par en haut.
unten, en bas ; untenher, d'en bas ; untenhin, par en bas.

§ 96.

Les adverbes hier, *ici*, et da, *là*, servent aussi à former des adverbes de lieu composés démonstratifs, et se combinent tantôt avec des prépositions, tantôt avec d'autres adverbes.

an,   hieran, à ceci ;   daran, à cela.
auf,   hierauf, sur ceci ;   darauf, sur cela.

aus,	hieraus, hors de ceci ;	daraus, hors de cela.
bey,	hierbey, auprès de ceci;	dabey, auprès de cela.
durch,	hierdurch, par ceci;	daburch, par cela.
für,	hierfür, pour ceci;	dafür, pour cela.
gegen,	hiergegen, contre ceci;	dagegen, contre cela.
in, ein,	hierin, hierein, } dans ceci;	darin, darein, } dans cela.
nach,	hiernach, après ceci;	darnach, après cela.
außen,	hieraußen, ici dehors;	daraußen *ou* draußen, là-dehors.
innen,	hierinnen, ici dedans;	darinnen *ou* drinnen, là-dedans.

Les adverbes formés de da sont beaucoup plus usités que la plupart des adverbes formés de hier. Il faut remarquer l'r euphonique qui sert à lier da aux prépositions et adverbes commençant par une voyelle, et même à la préposition nach, bien qu'elle commence par une consonne.

§ 97.

L'adverbe wo, *où*, se combine de la même manière avec des prépositions pour former des adverbes relatifs où interrogatifs. *Ex.*:

an,	woran,	à quoi, où;
auf,	worauf,	sur quoi, où;
aus,	woraus,	de quoi, d'où;
durch,	woburch,	par quoi, par où;
in, ein,	worin, worein, }	dans quoi, où;
mit,	womit,	avec quoi;
nach,	wornach,	après quoi;

um, warum,
(*pour* worum), pour quoi;
von, wovon, de quoi, d'où;
vor, wovor, devant quoi;
zu, wozu, à quoi, où.

§ 98.

II. TEMPS.

Les principaux adverbes de temps sont les suivans:

Heute, aujourd'hui;
morgen, demain;
übermorgen, après-demain;
morgen früh, demain matin;
gestern, hier;
vorgestern, avant-hier;
gestern abend, hier soir;
(des) Morgens, le matin;
Abends, le soir;
Mittags, à midi;
Vormittags, avant-midi;
Nachmittags, après-midi;
dann, alsdann, alors, puis, ensuite;
dann und wann, de temps en temps;
hernach, nachher, après;
schon, bereits, déjà;

jetzt, (*autrefois*: jetzo, itzo,) maintenant;
nun, nunmehr, à présent;
letzthin, neulich, dernièrement;
unlängst, depuis peu;
längst *ou* vorlängst, il y a long-temps;
ehedem, vordem, ehemals, sonst, autrefois;
vorher, zuvor, auparavant;
da, damals, alors, dans ce temps;
bisher, jusqu'ici;
beständig, continuellement;
ewig, éternellement;
immer, immerdar, allezeit, toujours;
bisweilen, zuweilen, manchmal, quelquefois;

bald, nächstens, bientôt;
gleich, sogleich, tout de suite;
augenblicklich, à l'instant;
beyzeiten, de bonne heure;
spät, tard;
einmal, einst, dereinst, un jour;
künftig, künftighin, dorenavant;

oft, öfters, oftmals, souvent;
täglich, journellement;
wöchentlich, par semaine;
monatlich, par mois;
jährlich, par an;
nie, niemals, jamais;
noch, encore;
etc. etc.

Quelques-uns de ces adjectifs ne sont autre chose que des génitifs, qu'il est facile de reconnaître à l's qui les termine.

§ 99.

III. MANIÈRE OU QUALITÉ.

wohl, bien;
so, ainsi;
umsonst, en vain;
gern, volontiers;

ungern, à contre-cœur;
gut, bien;
übel, schlecht, mal;
etc. etc.

Cette classe d'adverbes est extrêmement nombreuse; elle comprend tous les adjectifs qui peuvent être employés adverbialement, c'est-à-dire tous les adjectifs allemands, si l'on en excepte ceux qui sont dérivés d'un adverbe ou d'une préposition, comme : hiesig, heutig, jetzig, etc.

Pour qu'un adjectif devienne adverbe, il n'a besoin de subir aucune modification; seulement il reste invariable.

§ 100.

IV. QUANTITÉ.

sehr, recht, gar, très ;
viel, beaucoup ;
überaus, ungemein, extrêmement ;
ganz und gar, tout-à-fait ;
zu viel, trop ;
so viel, tant ;
eben so viel, autant ;
desto, (*devant un comparatif*) d'autant ;

wenig, peu ;
genug, suffisamment, assez ;
mehr, plus ;
zu (*devant un adjectif ou un adverbe*) trop ;
zu wenig, trop peu ;
kaum, à peine ;
fast, beinahe, presque ;
nur, seulement.

On peut faire rentrer dans cette classe les adverbes de nombre et d'ordre. *Ex.* :

wieder, de nouveau ;
nach und nach, peu-à-peu ;
einzeln, un à un, seul ;
endlich, enfin ;
weiter, plus loin, de plus ;
und so weiter, et ainsi du reste ;

einmal, une fois ;
zweymal, deux fois ;
abermal ou abermals, une seconde fois ;
allerley, de toutes sortes ;
zweyerley, de deux sortes,
etc.

§ 101.

V. INTERROGATION.

La langue allemande n'a pas, à proprement parler, d'adverbes interrogatifs. Tous ceux que nous allons indiquer sont tout à-la-fois relatifs et interrogatifs.

wie ? comment ?   wann ? quand ?

wie so? comment cela ? wo? où ?
(*m. à m.* comment ainsi?)
wie oft? combien de fois? warum? pourquoi?

On voit que tous ces adverbes peuvent rentrer dans les classes précédentes. Ainsi wie n'est autre chose qu'un adverbe de manière; wann, un adverbe de temps; wo, un adverbe de lieu, etc.

§ 102.

VI. AFFIRMATION.

ja, oui;
ja doch, si vraiment ;
allerdings, sans doute ;
gewiß, certainement ;
wirklich, effectivement ;
freylich, assurément;

wahrhaftig, vraiment;
nämlich, savoir;
doch, jedoch, dennoch, cependant ;
zwar, à la vérité.

§ 103.

VII. NÉGATION.

nein, non;
nicht, ne.... pas;
gar nicht, ganz und gar nicht, pas du tout;
durchaus nicht, absolument pas;

nicht doch, eh ! non ;
wo nicht, sinon ;
noch nicht, pas encore;
nicht mehr, ne.... plus;
nicht einmal, ni même
(*m. à m.* pas une fois).

§ 104.

VIII. DOUTE.

vielleicht, peut-être;
wahrscheinlich, vraisemblablement;
vermuthlich, probablement;
schwerlich, difficilement.

§ 105.

DEGRÉS DE SIGNIFICATION DES ADVERBES.

Quelques adverbes, et surtout les adjectifs employés adverbialement, sont susceptibles des trois degrés de signification, et les forment de la même manière que les adjectifs (*voy.* § 28, 29), c'est-à-dire, en prenant la terminaison (e)r pour le comparatif et la terminaison ſt, ou eſt pour le superlatif.

(Pour le changement d'a, o, u, en ä, ö, ü, *voy.* § 30).
Exemple:

Gütig, bénignement; gütiger, gütigſt.
Oft, souvent; öfter, öfteſt (*peu usité*).

Il y a fort peu d'adverbes dont le superlatif soit usité; on a plus souvent recours à des périphrases, dans lesquelles l'adverbe est remplacé par le neutre de l'adjectif. *Ex.:*

Auf das (aufs) gnädigſte, le plus gracieusement;
Am (pour an dem) geſchwindeſten, le plus vite (au plus vite);
Zum (pour zu dem) beſten, le mieux (pour le mieux).

Les adverbes suivans forment leurs degrés de signification d'une manière irrégulière :

Bald, bientôt; eher, plus tôt; am eheſten, le plus tôt.
Gern, volontiers; lieber, plus volontiers (*compar.* de lieb, cher); am liebſten, le plus volontiers.
Gut, bien; beſſer, mieux; am beſten, le mieux.
Viel, beaucoup; mehr, plus; am meiſten, le plus.
Sans positif: minder, moins; am mindeſten, le moins.

Minder et am mindeſten sont du style relevé;

Dans le style ordinaire, on se sert de

wenig, *peu*, qui forme régulièrement son comparatif et son superlatif.

CHAPITRE III.

DES CONJONCTIONS.

§ 106.

Parmi les conjonctions, les unes sont simples, les autres composées.

Les principales conjonctions sont les suivantes :

Conjonctions simples.

aber, \
allein, } mais;
als, que, comme, lorsque;
also, par conséquent, ainsi;
auch, aussi;
außer, excepté, outre, hormis;
da, lorsque, puisque;
dann, alors;
daß, que;
denn, car;
desto (*relatif à* je), plus;
doch, pourtant;
eher, avant que;
je, plus;

ob, si;
noch, *voy.* weder;
oder, ou;
so, *voy.* wie;
so.... so, autant.... autant;
sondern, mais au contraire;
und, et;
wann, quand;
weder.... noch, ni.... ni;
weil, parce que;
wenn, si;
wie.... so, comme.... ainsi;
wo, où.

Conjonctions composées.

auf daß, afin que;
dafern, en cas que;
damit, afin que;
darum, c'est pourquoi;
dennoch, cependant;
entweder.... oder, ou....ou;
indem, pendant que;

mithin, par conséquent;
nachdem, après que, selon que;
obgleich, } quoique;
obschon, }
sowohl.... als, aussi bien....que;
wofern, en tant que, au cas que.

CHAPITRE IV.

DES INTERJECTIONS.

§ 107.

Les principales interjections allemandes sont les suivantes :

ach! ah! hélas!
weh! hélas! malheur!
hey, heysa! eh!
juchhe! bon! oh!

potz! ho!
potztausend! parbleu!
ey! hé!
pfui! fi!

On pourrait joindre à cette liste plusieurs autres mots qui, dans le discours, tiennent lieu d'interjections, comme :

so! ainsi, quoi!
weg! fort! hors d'ici! loin d'ici!
auf, auf! wohlan! wohl auf! courage! en avant!

CHAPITRE V.

DES PRÉPOSITIONS ET DES ADVERBES DANS LES VERBES COMPOSÉS.

§ 108.

Voici quelques exemples qui donneront une idée de la manière dont les prépositions changent ou modifient le sens des verbes. Ces exemples n'indiquent que la signification la plus générale, l'usage apprendra les autres :

Prépos.

1. ab,	abgehen (ab=gehen), s'en aller;
2. an,	angehen, aller vers ; *plus souvent:* concerner (προϛήκειν);
3. auf,	aufgehen, s'élever, monter, se lever *(en parlant des astres)*;
4. aus,	ausgehen, sortir;
5. bey,	beystehen (bey=stehen), assister, aider;
6. durch,	durchgehen, passer, parcourir;
7. hinter,	hintergehen, surprendre, tromper;
8. in (*en composition* ein),	eingehen, entrer;
9. mit,	mitgehen, aller avec, accompagner;
10. nach,	nachgehen, suivre, marcher après;
11. über,	übergehen, passer, aller au-delà;
12. um,	umgehen, aller autour de, faire le tour de;

13. unter, untergehen, aller au fond, s'abîmer, se coucher (*en parlant des astres*);
14. vor, vorgehen, aller devant, précéder;
15. wider, widerstehen (wider-stehen), résister;
16. zu, zugehen, aller vite, se fermer, se passer (*evenire*);
zugeben, donner par-dessus le marché, accorder, convenir.

§ 109.

Les verbes, dans la composition desquels entrent les prépositions ab, an, aus, bey, ein, mit, nach, vor, zu, se conjuguent comme abschreiben, (*voy.* § 89), c'est-à-dire que les prépositions se séparent du verbe, toutes les fois qu'il n'est pas à l'infinitif ou au participe, ou qu'il n'est pas placé à la fin de la proposition.

On voit donc, qu'à proprement parler, ce ne sont pas des verbes composés, puisque les prépositions ne forment un seul mot avec eux, que lorsque les règles de la construction exigent qu'elles les précédent immédiatement.

Il en est de même des adverbes fort, dar pour da (*là*), her, hin, weg.

Quelques grammairiens font rentrer dans la même règle les mots fest, *fixément*; gut, *bien*; heim, *à la maison*; still, *tranquillement*; fehl, *vainement*; los, *détaché*; nieder, *en bas*; zurück, *en arrière*; mais il vaut mieux ne jamais les lier au verbe.

Les adverbes gleich, *également*; genug, *assez*; hoch, *haut*; wahr, *vraiment*; wohl, *bien*; servent aussi à former un petit nombre de verbes composés, comme :

genugthun, satisfaire ;
wohlthun, faire du bien ;
gleichhalten, estimer également, etc.

Dans les verbes composés dont nous venons de parler, la particule ge du participe passé et la préposition zu, gouvernant l'infinitif, se placent toujours après la préposition ou l'adverbe, lorsque ces derniers précèdent immédiatement le verbe. *Ex.* :

abgeschrieben, copié ;
um wegzugehen, pour s'en aller.

§ 110.

Les prépositions hinter et wider ne se séparent jamais des verbes auxquels elles se lient.

Les adverbes wieder, et voll, et les prépositions durch, über, unter, um, sont tantôt séparables et tantôt inséparables. Ainsi l'on dira :

ich durchgehe, je parcours,
et : ich gehe durch, je passe à travers ;
ich wiederhole, je repète,
et : ich hole wieder, je cherche de nouveau.

Cette différence dépend du sens, et l'usage l'apprendra facilement.

Les verbes composés inséparables ont toujours l'accent sur la partie radicale du verbe primitif, et les inséparables l'ont toujours sur la préposition ou sur l'adverbe qui les modifie.

On a vu § 62, que les verbes composés inséparables ne prennent point la particule ge au participe passé.

CHAPITRE VI.

DES PARTICULES INSÉPARABLES ET AVANT-SYLLABES.

§ 111.

Outre les prépositions et les adverbes dont nous venons de parler, il y a certaines syllabes qui, placées au commencement des mots, en modifient la signification.

On les appelle particules inséparables ou avant-syllabes.

1° be paraît venir de bey, et prend souvent le sens de *sur*. *Ex.*:

belegen, placer sur, garnir; (be *et* legen, *coucher, placer*).

Tous les verbes formés de la particule be, sont actifs.

2° em paraît remplacer les prépositions an ou in, et en conserve le sens.

La particule em reçoit un p euphonique, quand le mot qu'il précède commence par f. *Ex.*:

finden, trouver, empfinden, éprouver.

Elle n'est employée que dans quatre verbes.

3° ent marque éloignement, privation. *Ex.*:

ehren, honorer; entehren, déshonorer.

4° er, dont il est difficile de bien déterminer le sens, marque ordinairement le succès, la persévérance. *Ex.*:

bitten, prier; erbitten, obtenir par ses prières;

warten, attendre; erwarten, attendre avec persévérance.

5° ge, devant les verbes, marque une action soutenue; devant les substantifs, la répétition, la multiplication. *Exemple :*

denken, penser; gedenken, penser long-temps; schrey, cri; geschrey, cris répétés.

6° miß répond à la particule inséparable *mé*, *més* des français.

kennen, connaître; mißkennen, méconnaître; brauchen, employer; mißbrauchen, mésuser.

7° ver : il est difficile de préciser les modifications que cette particule apporte au sens des mots. Elle a souvent la même force que les prépositions *ex* et *per* en latin. *Ex.:*

folgen, suivre; verfolgen, poursuivre (*persequi*); haß, haine; verhaßt, généralement haï. weisen, montrer; verweisen, exiler.

8° zer, marque force, effet, destruction. *Ex:* schlagen, frapper; zerschlagen, briser en frappant.

§ 112.

Joignez à ces particules

1° un privatif :

treu, fidèle; untreu, infidèle.

2° erz, (ἀρχι) :

Bischof, évêque, Erzbischof, archevêque.

3° ur, qui marque ancienneté, état primitif :

alt, vieux; uralt, très vieux.

4° aber, *faussement*, qui n'est plus usité que dans les mots suivans :

der Aberglauben, *la superstition*, *la fausse croyance*, de Glauben, *croyance;*

der Aberwitz, *le faux esprit*, de Witz, *esprit;*
et dans les adjectifs qui en sont formés :

abergläubig, aberwitzig.

5° after, peu usité, *après*, *faussement*.

Der Afterkönig, *le faux roi*, de König, *roi;*

der Afterbürge, *l'arrière-caution*, de Bürge, *caution*.

6° ant (ἀντί), *vers*, *contre*, n'est usité que dans les mots suivans :

das Antlitz, *la face*, de Litz, qui signifie : *la vue*, dans quelques langues du nord.

die Antwort, *la réponse*, de Wort, *parole*.

LIVRE QUATRIÈME.

SUPPLÉMENT

A LA PARTIE ÉLÉMENTAIRE,

OU ADDITIONS AUX MATIÈRES TRAITÉES DANS LES LIVRES PRÉCÉDENS.

CHAPITRE I.

SUPPLÉMENT AUX SUBSTANTIFS.

DÉCLINAISON DES NOMS PROPRES.

§ 113.

I. Les noms propres d'hommes peuvent distinguer leurs cas par le moyen de l'article, sans prendre aucune terminaison. Le nominatif ne prend même presque jamais l'article.

Exemple :

N. Fried(e)rich, Frédéric ;
G. des Fried(e)rich,
D. dem Fried(e)rich,
A. den Fried(e)rich.

Les noms propres étrangers sont presque tous indéclinables, et on ne reconnaît leurs cas que par les désinences de l'article.

Exemple :

N. Cicero, Cicéron ;
G. des Cicero,
D. dem Cicero,
A. den Cicero.

Cependant il en est quelques-uns qui prennent quelquefois l's au génitif. Ainsi l'on peut dire :

Cicero's et des Cicero ;
Robinson's et des Robinson ;

On laisse encore invariables les noms propres,

1° Quand ils sont suivis, par apposition, d'un substantif ou d'un adjectif. *Ex.* :

N. Ludwig der Große, Louis-le-Grand ;
G. Ludwig des Großen.

2° Quand ils sont précédés d'une préposition. *Ex.* :

Fabeln von Lessing, *Fables de Lessing* ; mais on dit plus souvent : Lessing's Fabeln.

3° Quand ils sont précédés d'un nom commun ou d'un adjectif. *Ex.* :

N. der Herr Wolf, monsieur Wolf ;
G. des Herrn Wolf,
D. dem Herrn Wolf,
A. den Herrn Wolf.

Cependant les noms de titres et de qualités demeurent quelquefois indéclinables et sans article devant le nom propre, qui alors prend seul la terminaison. *Ex.* :

König Ludwig's, du roi Louis ;
Kaiser Karl's, de l'empereur Charles.

§ 114.

II. Les noms propres peuvent aussi se décliner sans article, et alors ils prennent au génitif la terminaison s, et au datif et à l'accusatif la terminaison en. *Ex.* :

N. Fried(e)rich,
G. Fried(e)rich's,
D. Fried(e)richen,
A. Fried(e)richen.

Remarque 1ʳᵉ. Le génitif prend nécessairement la terminaison, toutes les fois qu'il précède le nom qui le gouverne.

Le datif et l'accusatif, ayant tous deux la même terminaison, prennent ordinairement l'article, afin qu'on puisse les distinguer l'un de l'autre.

Remarque 2ᵉ Quand plusieurs noms propres, s'appliquant à la même personne, se suivent immédiatement, le dernier seul se décline. *Ex.* :

Fried(e)rich Ludwig Schröder's Leben, vie de Frédéric-Louis Schrœder ;

Johann Gottfried's von Herder Schriften, œuvres de Jean-Godefroi de Herder.

Les noms de famille noble précédés de von (de) étant indéclinables, c'est le dernier des noms qui précèdent, qui prend la terminaison.

Remarque 3ᵉ Dans les noms propres qui ne sont pas généralement connus, on sépare ordinairement la terminaison par une apostrophe, afin d'indiquer qu'elle ne fait pas partie du nom, comme Schröder's.

On écrit de la même façon quelques noms propres de villes, de pays, comme : Europa's, gén. d'Europa, *l'Europe* ; Berlin's, gén. de Berlin, *Berlin*, etc.

§ 115.

III. Les noms propres s'emploient quelquefois au pluriel,

comme noms communs. Alors les noms masculins prennent la terminaison e, et les féminins la terminaison en. Ex. :

Leibniß, Leibnitz; die Leibniße, les Leibnitz, etc.

Cependant les noms masculins en el, er, en, et la plupart des noms étrangers, ne prennent aucune terminaison au pluriel.

SUBSTANTIFS DÉRIVÉS ET COMPOSÉS.

Les substantifs allemands sont :

  A. *Primitifs* ou *dérivés*;
  B. *Simples* ou *composés.*

A. SUBSTANTIFS DÉRIVÉS.

§ 116.

Les substantifs primitifs ou *radicaux* (ursprüngliche Hauptwörter ou Wurzelwörter), sont ceux qui ne dérivent d'aucun autre mot; ce sont pour la plupart des monosyllabes. *Ex.* :

Hand, main;   Mann, homme;
Fuß, pied;   Tod, mort;
Glück, bonheur; Leib, corps.

Les *dérivés* (abgeleitete Hauptwörter), sont ceux qui sont formés d'autres mots. Ils dérivent

1º D'un autre nom substantif, comme :

 die Freundschaft, l'amitié, de Freund, ami;
 der Gärtner, le jardinier, de Garten, jardin.

2º D'un adjectif, comme :

 die Finsterniß, l'obscurité, de finster, obscur;
 die Wahrheit, la vérité, de wahr, vrai.

3º D'un verbe, comme :

 der Schneider, le tailleur, de schneiden, tailler;

der Bauer, le paysan, de bauen, cultiver;
die Bewunderung, l'admiration, de bewundern, admirer;
der Tritt, le pas, de treten, marcher;
der Wurf, le jet, de werfen, jeter.

On voit par ces deux derniers exemples que le substantif formé du verbe ne se tire pas toujours de l'infinitif, mais quelquefois aussi d'un autre temps. Ainsi der Tritt est formé du présent de l'indicatif de treten; der Wurf, de wurf, forme ancienne de l'imparfait de werfen.

4° D'un adverbe, comme:

die Wohlthat, le bienfait, de wohl, bien, et That, action.

5° D'une préposition, comme:

die Gesammtheit, le tout, de sammt, avec;
der Gegner, l'adversaire, de gegen, contre.

§ 117.

Les substantifs dérivés se forment, soit par des avant-syllabes, soit par des arrière-syllabes. Nous avons déjà parlé des avant-syllabes (§ 111); nous nous contenterons donc d'entrer ici dans quelques détails sur les arrière-syllabes, dont les principales sont: chen, e, el, er, ey, heit, inn, keit, lein, ling, niß, sal, schaft, sel, thum, ung.

§ 118.

chen sert à former les diminutifs. Ex.: das Häuschen, *la maisonnette*, de Haus, *maison*; das Töchterchen, *la petite fille*, de Tochter, *fille*.

Remarques. I. Lorsque le substantif radical se termine par un son aspiré, on insère les lettres el entre le radical et la terminaison chen. Ex.: das Buch-el-chen, *le petit livre*, de Buch, *livre*.

II. Si le radical est terminé en en, on change quelquefois

cette syllabe en *el* pour former le diminutif. *Ex.* : das Wägelchen, *le petit chariot*, de Wagen, *chariot*.

III. Si le radical se termine en e ou en, on supprime cette terminaison en formant le diminutif. *Ex.* : das Täubchen, *le petit pigeon*, de Taube, *pigeon*; das Fädchen, *le petit fil*, de Faden, *fil*.

IV. Tous les substantifs terminés en chen sont du genre neutre.

§ 119.

e sert à changer des adjectifs en substantifs abstraits du genre féminin. *Ex.* : die Länge, *la longueur*, de lang, *long*; die Kälte, *le froid*, de kalt, *froid*.

Lorsque cet e forme la désinence de noms masculins, il n'est souvent qu'adoucissant, et peut quelquefois disparaître.

§ 120.

el indique ordinairement le genre masculin. *Ex.* : der Schlägel, *le maillet*, de Schlag, *coup*; der Schlüssel, *la clef*, de Schluß, *l'action de fermer*.

Cette arrière-syllabe s'emploie quelquefois dans l'Allemagne méridionale pour marquer les diminutifs. *Ex.* : das Fässel, *le tonnelet*, de Faß, *tonneau*.

§ 121.

er désigne le genre masculin. *Ex.* : der Bürger, *le citoyen*, de Burg, *château, ville fortifiée*; der Läufer, *le coureur*, de Lauf, *course*; der Schäfer, *le berger*, de Schaf, *brebis*; Römer, *Romain*; Engländer, *Anglais*; Spanier, *Espagnol*.

§ 122.

ey désigne 1º le métier ou l'occupation. *Ex.* : Bäckerey, *boulangerie*, de Bäcker, *boulanger*; Jägerey, *vénerie*, de Jäger, *chasseur*; Brauerey, *brasserie*, de Brauer, *brasseur*. 2º une chose méprisable, de peu de prix. *Ex.* : Heucheley, *hypocrisie*; Schmeicheley, *flatterie*; Betrügerey, *tromperie*.

Cette terminaison s'ajoute aussi à quelques noms empruntés aux langues étrangères. *Ex.*: Polizey, *police*; Tyranney, *tyrannie*.

Tous les substantifs terminés en ey sont du féminin.

§ 123.

heit désigne une qualité bonne ou mauvaise, et se joint aux adjectifs. *Ex.*: Schönheit, *beauté*, de schön, *beau*; Klugheit, *sagesse*, de klug, *sage*. Les substantifs ainsi terminés sont du féminin.

§ 124.

inn sert à former, à l'aide d'un substantif masculin, le substantif féminin correspondant. *Ex.*: die Königinn, *la reine*, de König, *roi*; die Hundinn, *la chienne*, de Hund, *chien*; die Freundinn, *l'amie*, de Freund, *ami*; die Römerinn, *la Romaine*, de Römer, *Romain*.

Remarque 1re. On ne peut pas former de semblables féminins au moyen des adjectifs qui ont leurs terminaisons féminines. Ainsi l'on dira Verwandte, *parente*, et non Verwandtinn; Gelehrte, *savante*, et non Gelehrtinn.

Remarque 2e. Lorsque le masculin est terminé en erer, on supprime la syllabe finale er, pour former le féminin. *Ex.*: der Zauberer, *l'enchanteur*; die Zauberinn, *l'enchanteresse*.

§ 125.

keit, ainsi que heit, indique une qualité bonne ou mauvaise. *Ex.*: Thätigkeit, *activité*, de thätig, *actif*; Bitterkeit, *amertume*, de bitter, *amer*.

Souvent, pour l'euphonie, on intercale la syllabe ig entre l'adjectif et la terminaison. *Ex.*: Kleinigkeit, *petitesse*, de klein, *petit*; Feuchtigkeit, *humidité*, de feucht, *humide*.

Tous les substantifs terminés en keit sont du féminin.

§ 126.

lein sert comme chen à former les diminutifs, avec cette différence, que les diminutifs terminés en chen appartiennent au style familier, tandis que ceux en lein sont employés dans un style plus relevé. *Ex.* Kindlein, *petit enfant*; Büchlein, *petit livre*. Cette classe ne contient que des noms neutres.

§ 127.

ling sert aussi à la formation de diminutifs qui sont tous du masculin. *Ex.* : Jüngling, *jeune homme*; Lehrling, *apprenti*; Findling, *enfant trouvé*.

Quelquefois cette arrière-syllabe ajoute au sens une idée de mépris. *Ex.* : Dichterling, *poétereau*; Frömmling, *faux dévot*; Sonderling, *homme singulier*.

§ 128.

niß. Les substantifs terminés par cette syllabe sont ou féminins ou neutres, et marquent l'état ou l'action. Elle se joint 1º aux noms. *Ex.* : das Bündniß, *l'alliance*, de Bund, *lien*, *alliance*. 2º Aux adjectifs. *Ex.* : die Finsterniß, *l'obscurité*, de finster, *obscur*. 3º aux verbes. *Ex.* : das Gedächtniß, *la mémoire*, de gedenken, *penser*; die Erlaubniß, *la permission*, de erlauben, *permettre*.

§ 129.

sal sert à former des noms de choses et indique que l'action ou l'état exprimé par le substantif radical est porté à un degré élevé. *Ex.* : das Scheusal, *l'épouvantail*, de Scheu, *peur*; die ou das Trübsal, *l'affliction*, de trüben, *troubler*. La plupart des substantifs en sal sont neutres; quelques-uns sont féminins.

§ 130.

schaft (de schafft, troisième personne du singulier du présent de l'indicatif de schaffen, *procurer*), signifie la chose ou l'état que produit ce qui est annoncé par le mot radical. Cette classe ne contient que des substantifs féminins (excepté : das Petschaft, *le cachet*), dérivés 1° de noms de choses. *Ex.* : Freundschaft, *amitié*, de Freund, *ami*; Gesellschaft, *société*, de Gesell, *compagnon*; Botschaft, *message*, de Bote, *messager*; 2° d'adjectifs ou de participes passés. *Ex.* : Bereitschaft, *préparation*, de bereit, *prêt*; Bekanntschaft, *connaissance (personne que l'on connait)*, de bekannt, *connu*; 3° de verbes à l'infinitif. *Ex.* : Wissenschaft, *science*, de wissen, *savoir*.

§. 131.

La syllabe sel a le même sens que sal, dont elle n'est qu'une modification. Les noms ainsi terminés sont du neutre. *Ex.* : Räthsel, *énigme*, de rathen, *deviner*; Einschiebsel, *parenthèse*, de einschieben, *intercaler*.

§ 132.

thum marque l'ensemble de tous les rapports qui se rattachent au mot que cette terminaison accompagne. *Ex.* :

Das Fürstenthum, *la principauté*, formé de Fürst, *prince régnant*, signifie tout-à-la-fois la dignité, le rang, l'autorité, le territoire d'un prince.

Der Reichthum, *la richesse*, de reich, *riche*, indique tout ce qui constitue la richesse : les terres, l'argent, les meubles, etc.

§ 133.

ung se joint 1° aux substantifs et indique un grand espace où se trouve en abondance l'objet désigné par le substantif radical. *Ex.* :

Die Holzung, *le terrein couvert de bois*, de Holz, *bois*;
die Waldung, *le pays couvert de forêts*, de Wald, *forêt*.

2° Aux adjectifs, et indique une chose, un état de l'espèce exprimée par l'adjectif. *Ex.* :

Die Festung, *la forteresse*, de fest, *solide, fortifié*.

3° Aux verbes, et désigne l'action, l'état exprimé par le verbe. *Ex.*:

Die Hoffnung, *l'espérance*, de hoffen, *espérer*;
die Änderung, *le changement*, de ändern, *changer*.

La signification de ces substantifs est toujours un peu restreinte; ainsi:

das Drohen, *la menace*, a un sens plus général que die Drohung, *l'action de menacer*.

B. SUBSTANTIFS COMPOSÉS.

§ 134.

On entend par *substantif simple* celui qui n'est pas susceptible d'être décomposé en plusieurs mots. *Ex.*:

Haus, *maison*; Freundschaft, *amitié*; Gärtner, *jardinier*.

Les substantifs composés sont ceux dans la formation desquels on fait entrer deux ou plusieurs mots. *Ex.*:

Hausvater, *père de famille*, de Haus, *maison*, et Vater, *père*;

Menschenfreund, *philanthrope*, de Menschen, *hommes*, et Freund, *ami*.

§ 135.

Les substantifs peuvent se composer:

1° De deux ou de plusieurs substantifs. *Ex.*:

Der Hausvater, *le père de famille*, de Haus, *maison*, et Vater, *père*.

Der Handschuh, *le gant*, de Hand, *main*, et Schuh, *chaussure*.

2° D'un substantif et d'un adjectif. *Ex.*:

Das Neujahr, *le nouvel an*, de neu, *nouveau*, et Jahr, *année*.

3° D'un substantif et d'un verbe. *Ex.* :

Das Brennöl, *l'huile à brûler*, de brennen, *brûler*, et Öl, *huile*;

das Trinklied, *la chanson à boire*, de trinken, *boire*, et Lied, *chanson*.

4° D'un substantif et d'une préposition ou d'un adverbe. *Ex.* :

Der Vortheil, *l'avantage*, de vor, *devant*, et Theil, *part*;

die Hinterlist, *la supercherie*, de hinter, *derrière*, et List, *ruse*.

5° De différens mots qui ne sont pas des substantifs :

Der Taugenichts, *le vaurien*, de taugen, *valoir*, et nichts, *rien*.

6° D'un substantif et d'une particule inséparable. *(Voy.* § 111 et 112.)

§ 136.

En formant un mot composé, on a pour but de fondre deux ou plusieurs idées simples en une idée complexe.

Dans cette fusion, il y a toujours une idée principale qu'on veut déterminer par d'autres idées accessoires. Or, dans la formation des mots composés, c'est une règle établie, en allemand, que *l'idée déterminante doit toujours précéder la déterminée.* *Ex.*:

Baumöl, *huile d'olive*;
Ölbaum, *olivier*;
tous deux formés de Baum, *arbre*, et de Öl, *huile*.

Dans le premier de ces mots composés, l'idée déterminante est *arbre*, et l'idée principale *huile*; il signifie donc : *huile d'arbre*, *huile d'olive*.

Dans le second, Öl devient le mot déterminant, Baum, le déterminé. Ölbaum signifie donc: *un arbre qui donne de l'huile, un olivier.*

On voit par cet exemple combien la signification de deux

mots formés des mêmes élémens peut varier, selon que ces élémens sont différemment disposés. Nous citerons encore quelques compositions de ce genre pour rendre cette différence bien sensible :

{ der Straßenräuber, le voleur de grand chemin ;
{ die Räuberstraße, la rue des voleurs.

    Rac. Straße, route ; Räuber, voleurs.

{ Der Briefwechsel, l'échange de lettres, la correspondance ;
{ der Wechselbrief, la lettre de change.

    Rac. Brief, lettre ; Wechsel, échange.

{ Die Hausarbeit, le travail domestique ;
{ das Arbeitshaus, la maison de travail.

    Rac. Haus, maison ; Arbeit, travail.

Cette règle est applicable aux substantifs formés de plus de deux mots. *Ex.* :

Feldbaukunst, composé de Feld, *champ* ; Bau, *culture*, et Kunst, *art*.

Goldbergwerk, composé de Gold, *or* ; Berg, *montagne*, et Werk, *ouvrage*.

Dans la première de ces deux expressions, l'idée principale est Kunst, et les idées accessoires sont Bau et Feld. Le mot ainsi composé signifie donc : *art de la culture des champs, agriculture*.

Dans la seconde, l'idée déterminée est Werk, ouvrage, les déterminantes Berg et Gold. Ces trois mots ainsi réunis signifieront donc : *ouvrage que l'on fait dans les montagnes qui contiennent de l'or ; exploitation des mines d'or*.

§ 137.

Beaucoup de mots composés, formés de deux substantifs, n'éprouvent aucun changement dans leur composition. *Ex.* :

Die Windmühle, *le moulin à vent*, de Wind, vent, e Mühle, moulin ;

die Wintergerste, *l'orge d'hiver*, de Winter, *hiver*, et Gerste, *orge*.

Mais quand le premier substantif se termine en e, on retranche ordinairement cet e final. *Ex.* :

Der Ehrgeiz, *l'ambition*, de Ehre, *honneur*, et Geiz, *avarice*;

der Sonntag, *le dimanche*, de Sonne, *soleil*, et Tag, *jour*.

§ 138.

Quelquefois on intercale entre ces deux mots des lettres euphoniques, au sujet desquelles il serait difficile de donner des règles bien précises. *Ex.* :

Das Schweinefett, la graisse de porc; *rac.* Schwein, *porc*, et Fett, *graisse*.

Der Sonnenschirm, le parasol; *rac.* Sonne, *soleil*; et Schirm, *abri*.

Die Nachtigall, le rossignol; *rac.* Nacht, *nuit*, et gallen, *retentir* (*l'oiseau dont le chant retentit la nuit*).

§ 139.

Souvent le substantif déterminant prend la désinence du génitif, lorsqu'en décomposant le mot, il se trouverait à ce cas. *Ex.* :

Die Gottesfurcht, *la crainte de Dieu*; formé de Gott, *Dieu*, et Furcht, *crainte* : en décomposant le mot, l'on aurait die Furcht Gottes.

Der Hirtenstab, le bâton de berger; *rac.* Hirten, *gén. de* Hirte, *berger*, *et* Stab, *bâton*.

Der Menschenhaß, la misanthropie; *rac.* Menschen, *gén. de* Mensch, *homme*, *et* Haß, *haine*.

L'addition de l's a lieu, même pour les substantifs féminins et surtout pour ceux qui sont terminés en heit, keit, schaft et ung. *Ex.* :

Die Freiheitsliebe, l'amour de la liberté; *rac.* Freiheit, liberté; Liebe, amour.

Die Gerechtigkeitspflege, l'administration de la justice; *rac.* Gerechtigkeit, justice; Pflege, administration.

Der Zeitungsschreiber, le journaliste; *rac.* Zeitung, gazette; Schreiber, écrivain.

§ 140.

Dans les noms composés, formés d'un adjectif et d'un substantif, l'adjectif se place devant le substantif sans subir aucun changement. *Ex.* :

Die Eigenliebe, l'amour-propre; *rac.* eigen, propre; Liebe, amour.

Das Neujahr, le nouvel an; *rac.* neu, nouveau; Jahr, an.

§ 141.

Si c'est un verbe qui sert de mot déterminatif, on n'emploie que le radical. *Ex.* :

Spieluhr, horloge à carillon; *rac.* spiel, *radical de* spielen, jouer; Uhr, horloge.

Trinkgeld, pour-boire; *rac.* trink, *radical de* trinken, boire; Geld, argent.

Si la consonne radicale du verbe est g, on y ajoute un e. *Exemple* :

Singestück, partie à chanter; *rac.* sing, *radical de* singen, chanter; Stück, morceau.

§ 142.

Lorsque la composition est faite, les mots déterminans restent invariables, le mot déterminé seul se décline. *Ex.* :

N. der Grünspecht, le pic-vert; *rac.* grün, vert; Specht, pic.
G. des Grünspecht(e)s, et non Grünenspecht(e)s.
D. dem Grünspecht(e), et non Grünenspecht(e).
A. den Grünspecht, et non Grünenspecht.

DU GENRE DES SUBSTANTIFS.

§ 143.

A. *Sont masculins :*

1° Les substantifs qui désignent un être mâle et tous ceux qui marquent une occupation, un état, qui se rapportent à l'homme.

Exceptions: les diminutifs et le mot : die Schildwache, *la sentinelle.*

2° Les noms des vents, des saisons, des mois, des jours.

Exceptions: das Jahr, *l'année;* die Mittwoche, *le mercredi.*

3° La plupart des substantifs en el, et en er qui désignent un instrument.

Exceptions :

die Gabel, la fourchette ;
die Halfter, le licou ;
die Klammer, le crampon ;
die Klapper, le claquet ;
die Leiter, l'échelle ;
die Leyer, la lyre ;
das Messer, le couteau ;
das Ruder, la rame.

4° La plupart des substantifs dérivés en en.

Exceptions :

das Almosen, l'aumône ;
das Becken, le bassin ;
das Eisen, le fer ;
das Füllen, le poulain ;
das Küssen, le coussin ;
das Lehen, le fief ;
das Wappen, les armoiries ;
das Wesen, l'être ;
das Zeichen, le signe ;

et tous les infinitifs employés comme substantifs.

5° Les substantifs dérivés en ing et en ling.

Exception : das Messing, le laiton.

§ 144.

B. *Sont féminins :*

1° Tous les substantifs qui désignent des êtres féminins ou qui se rapportent à l'état et aux occupations soit de la femme, soit de la femelle.

Exceptions :

das Frauenzimmer, la femme, le sexe en général ;
das Weib, la femme ;
das Weibsbild, } la femme (*expressions vulgaires*).
das Weibsstück,

II. Les substantifs dérivés qui se terminent en e, ey, heit, keit et schaft.

Exceptions : 1° Tous ceux qui par leur nature sont du masculin.

2° Plusieurs mots qui commencent par la syllabe ge.

3° Les substantifs qui ont la double terminaison e et en, comme :

der Name *ou* Namen, le nom.
der Saame *ou* Saamen, la semence.

III. Les dérivés en ung.

Exception : der Hornung, février.

IV. Les dérivés en niß.

Exceptions :

das Ärgerniß, le scandale ;   das Ereigniß, l'évènement ;
das Begräbniß, l'enterrement ;   das Erforderniß, l'exigence ;
das Bekenntniß, l'aveu ;   der Firniß, le vernis ;
das Bildniß, l'image ;   das Gleichniß, la comparaison ;
das Bündniß, l'alliance ;   das Hinderniß, l'obstacle ;
das Bedürfniß, le besoin ;   das Verhältniß, le rapport ;
das Behältniß, le réservoir ;   das Zeugniß, le témoignage ;

et tous ceux qui commencent par ge ou par ver :

Exception : die Verdamniß, la damnation.

Remarque. On ne doit pas regarder comme des exceptions les substantifs où les syllabes ey, schaft, ung, font partie du radical. *Ex.* :

das Ey, l'œuf ; der Schaft, le fût.
das Geschrey, le cri ;

§ 145.

C. *Sont neutres* :

I. Les noms des métaux, des pays, des lieux et des lettres.

Exceptions :

1° der Stahl, l'acier ;
der Zink, le zinc ;
der Tomback, le tombac (*sorte de métal factice, composé de cuivre et de zinc*).

2° Quelques noms de pays et de lieux qui sont féminins, comme :

die Schweitz, la Suisse ;   die Mark, la Marche ;
die Krimm, la Crimée ;   die Lausitz, la Lusace ;
die Pfalz, le Palatinat ;

et quelques autres terminés en ey, en schaft et en au.

II. Les diminutifs en chen et en lein.

III. Les dérivés en thum.

Exceptions :

der Beweisthum, la preuve   der Reichthum, la richesse ;
(*peu usité*) ;   der Wachsthum, la croissance ;
der Irrthum, l'erreur ;

Wachsthum, *croissance*, est aussi du neutre.

IV. Tous les substantifs qui commencent par la syllabe ge.

Exceptions :

der Gebrauch, l'usage ;   die Gebühr, le devoir ;
der Gehalt, le salaire ;   die Geduld, la patience ;

der Gehorsam, l'obéissance ;   die Gefahr, le danger ;
der Genuß, la jouissance ;   die Geschwulst, l'enflure ;
der Geruch, l'odeur;   die Gestalt, la forme ;
der Gesang, le chant ;   die Gewalt, le pouvoir ;
der Gestank, la puanteur ;   die Gewähr, la garantie.
der Gewinn, le gain ;

V. Toutes les autres parties du discours prises substantivement. *Exemples* :

das Ich, le moi ;   das Spielen, l'action de jouer.
das Aber, le mais ;

§ 146.

Remarque. I. Les substantifs empruntés à une langue étrangère gardent ordinairement leur genre primitif. *Ex.* :

Die Syntax, (ἡ σύνταξις,) *la syntaxe*; das Scepter, (τὸ σκῆπτρον,) *le sceptre* ; on dit aussi der Scepter.

Exceptions :

das Almosen, l'aumône ;   das Labyrinth, le labyrinthe ;
der Altar, l'autel ;   das Pulver, la poudre ;
das Echo, l'echo ;   der Punkt, le point ;
das Fieber, la fièvre ;   der Tempel, le temple, etc.
der Körper, le corps ;

§ 147.

Remarque II. Les substantifs composés ont le genre du dernier des mots qui entrent dans leur composition. *Ex.* :

Der Wasserfall, la chute d'eau; *rac.* das Wasser, l'eau ; der Fall, la chute.

Das Arbeitshaus, la maison de force, de travail.

die Hausarbeit, le travail domestique ; *rac.* die Arbeit, le travail ; das Haus, la maison.

Exceptions : der Abscheu, *l'horreur* ; *rac.* die Scheu, *la peur* ; et les huit mots suivans qui, se terminant tous par le substanti masculin (der) Muth, *le courage (animus)*, sont cependant du féminin :

die Anmuth, *la grâce* ;   die Langmuth, *la longanimité* ;
die Demuth, *l'humilité* ;   die Sanftmuth, *la douceur* ;
die Großmuth, *la générosité* ;   die Schwermuth, *la mélancolie* ;
die Kleinmuth, *la pusillanimité* ; die Wehmuth, *l'accablement*.

Tous les autres sont du masculin. *Ex.* :
der Hochmuth, *l'arrogance*, etc.

CHAPITRE. II.

SUPPLÉMENT AUX ADJECTIFS.

ADJECTIFS DÉRIVÉS ET COMPOSÉS.

Les adjectifs, comme les substantifs, sont *primitifs* ou *dérivés*, *simples* ou *composés*.

Les arrière-syllabes, servant à former les adjectifs dérivés, sont : bar, en, ern, haft, icht, ig, isch, lich et sam.

§ 148.

1º bar : cette syllabe paraît venir de l'ancien verbe baren, bären, *porter*, *faire*, *mettre en état*, et marque la propriété, la capacité, la production ; tantôt dans un sens actif, comme : fruchtbar, *fertile*, de Frucht, *fruit* ; dankbar, *reconnaissant*, de Dank, *reconnaissance* ; tantôt dans un sens passif, comme : achtbar, *estimable*, de Acht, *estime* ; trinkbar, *potable*, de trinken, *boire*.

§ 149.

2° (e)n et ern indiquent la matière dont une chose est faite. *Ex.* : golden, *d'or (aureus)*, de Gold, *or* ; silbern, *d'argent (argenteus)*, de Silber, *argent* ; hölzern, *de bois (ligneus)*, de Holz, *bois*.

§ 150.

3° haft paraît venir de haften, *être attaché à*, ou de haben, *avoir*, et en conserve le sens, comme : herzhaft, *courageux (ayant du courage)*, de Herz, *cœur* ; fehlerhaft, *vicieux*, de Fehler, *vice, défaut*.

§ 151.

4° icht (*osus* des Latins, *eux* des Français), pourrait se traduire par : *qui contient, qui ressemble*. *Ex.* : holzicht, *qui contient beaucoup de bois, qui ressemble à du bois* ; eine holzichte Rübe, *une rave ligneuse, qui ressemble à du bois, qui est dure comme du bois*.

§ 152.

5° ig indique aussi la possession, comme : gütig, *bon, ayant de la bonté*, de gut, *bon* ; feurig, *vif, ayant du feu*, de Feuer, *feu*.

§ 153.

6° isch : rapport d'appartenance, de conformité, de dépendance, disposition à... *Ex.* : höllisch, *infernal*, de Hölle, *enfer* ; preußisch, *prussien*, de Preußen, *Prusse* ; biblisch, *biblique*, de Bibel, *bible* ; irdisch, *terrestre*, de Erde, *terre* ; kindisch, *enfantin*, de Kind, *enfant* ; mißtrauisch, *méfiant*, de Mißtrauen, *méfiance*.

§ 154.

7° lich paraît dériver de gleich, *semblable*, ou de leihen, *prêter, emprunter*, et marque conformité, ressemblance. *Ex.*: göttlich, *divin*, de Gott, *Dieu* ; glücklich, *heureux*, de Glück, *bonheur*.

Quelques adjectifs prennent un t devant la syllabe finale lich. *Ex.*: wesentlich, *essentiel*, de Wesen, *être, essence*.

§. 155.

8° sam : *inclination, disposition. Ex.*: arbeitsam, *laborieux*, de Arbeit, *travail*; sparsam, *économe*, de sparen, *épargner*; tugendsam, *vertueux*, de Tugend, *vertu*.

§ 156.

Les adjectifs composés peuvent se former :

1° D'un substantif et d'un adjectif, comme : kohlschwarz, *noir comme du charbon*, de Kohle, *charbon*, et schwarz, *noir*; steinalt, *vieux comme les pierres, décrépit*, de Stein, *pierre*, et alt, *vieux*.

Dans ces mots ainsi composés, lorsque l'adjectif gouverne le génitif, le substantif en conserve souvent la terminaison. *Ex.*:

hoffnungsvoll, *plein d'espérance*, de Hoffnung, gén. Hoffnungs, *espérance*, et de voll, *plein*;

grenzenlos, *sans bornes*, de Grenzen, gén. plur. de Grenzen, *bornes*, et de los, *privé de*.

2° De deux adjectifs, comme :

vierjährig, *de quatre ans*, de vier, *quatre*, et jährig, *qui a une année*;

hellroth, *rouge-clair*, de hell, *clair*, et roth, *rouge*.

3° D'un adjectif et d'un adverbe, comme :

voreilig, *précipité*, de vor, *avant*, et eilig, *prompt, hâté*; (vor est ici employé adverbialement);

hinfällig, *caduc*, de hin, *là*, et fällig, adjectif peu usité, formé de fallen, *tomber*.

CHAPITRE III.

SUPPLÉMENT AUX VERBES.

VERBES DÉRIVÉS.

§ 157.

Les verbes modifient quelquefois leur signification, en prenant avant la terminaison les syllabes ou les lettres, el, er, ig, ir et ier, z.

Remarque. Ceux qui prennent les syllabes el ou er, terminent leur infinitif en 'n, et non pas en en (§ 61). Ainsi l'on dira lächeln, *sourire*, et non lächelen.

§ 158.

1° el sert à former les verbes diminutifs, et y ajoute quelquefois une idée de mépris. *Ex.* : lächeln, *sourire*, de lachen, *rire*; witzeln, *faire le bel esprit*, de Witz, *esprit*.

§ 159.

2° er ajoute au verbe primitif le sens de *faire* : cette syllabe est aussi quelquefois réduplicative ou augmentative (On l'a déjà vue employée de cette seconde manière dans les comparatifs (§ 28). *Ex.* : steigern, *enchérir, faire monter*, de steigen, *monter*; einschläfern, *endormir, faire dormir*, de schlafen, *dormir*; flattern, *voltiger, (volitare)*; poltern, *faire du fracas*.

Remarque. Quoique ces deux derniers mots n'aient pas un verbe pour primitif, les lettres er leur donnent cependant un sens augmentatif et réduplicatif.

§ 160.

3° ig : cette syllabe s'emploie pour transformer en verbes des substantifs et des adjectifs allemands. Elle leur donne un sens actif. *Ex.*: reinigen, *purifier*, de rein, *pur*; nöthigen, *forcer à*, de Noth, *besoin*.

§ 161.

4° ir et ier donnent la désinence allemande aux mots étrangers. *Ex.* : triumphiren, *triompher*; studiren, *étudier*; poliren, *polir*; regieren, *régner*.

Cependant on s'en sert aussi quelquefois pour changer en verbes des substantifs ou d'autres mots allemands. *Ex.*: schattiren, *ombrer*, de Schatten, *ombre*; buchstabiren, *épeler*, de Buchstab, *lettre*.

§ 162.

5° z marque répétition, et donne plus de force à l'idée primitive. *Ex.* : ächzen, *gémir*, de ach! *hélas!* lechzen, *tirer la langue, brûler de soif*, de lecken, *lécher*.

VERBES NEUTRES.

§ 163.

En général, les verbes neutres qui marquent une action, se conjuguent avec haben, et ceux dont le sujet est passif ou qui marquent un changement qui s'opère sans la participation du sujet, se conjuguent avec seyn.

Presque tous les verbes neutres qui commencent par les syllabes er et ver, se conjuguent avec seyn.

Conjuguez avec haben :

1° Les verbes neutres qui expriment un bruit, un son ; excepté : erschallen, *retentir*, qui se conjugue avec haben.

2° La plupart des verbes neutres qui commencent par aus.

Exceptions :

ausarten, dégénérer ;
ausbleiben, tarder à venir ;
ausbrechen, s'échapper ;
ausgehen, sortir ;
auskeimen, germer ;
auskommen, paraître ;
auslangen, suffire ;
auslöschen, s'éteindre ;
ausseyn, être absent ;
ausstreichen, faire une excursion ;
ausströmen, déborder ;
austrocknen, se tarir ;
auswachsen, surcroître ;
auswintern, se gâter par le froid ;
ausziehen, déménager.

3° Les verbes impersonnels. *Ex.* : es hat gefroren, *il a gelé* ; es hat mir geahndet, *je m'en suis douté.*

Beaucoup de verbes ont tantôt une signification active, tantôt une signification passive. Dans le premier cas ils prennent haben, dans le second, seyn. *Ex.* : es hat sehr stark gefroren, *il a gelé très fort* ; der Fluß ist gefroren, *la rivière a gelé* ; der Kutscher hat umgeworfen, *le cocher a versé* ; der Wagen ist umgeworfen, *la voiture a versé*, etc.

Nous allons donner successivement :

I. La liste générale des verbes qui se conjuguent avec l'auxiliaire haben ;

II. Celle des verbes qui prennent seyn et haben.

Tous les verbes neutres qui ne se trouvent pas dans ces deux listes se conjuguent avec seyn.

§ 164.

1. *Liste générale des verbes neutres qui se conjuguent avec l'auxiliaire* haben.

A

Abdanken, demander son congé.
Abfärben, se déteindre.
Abhangen, pendre, dépendre.
Ablegen, dériver.

Abnehmen, diminuer.
Abreißen, se rompre.
Abschießen, couler rapidement, se décharger.
Abzielen, viser.
Abzwecken, tendre à quelque chose, viser.
Altern, vieillir.
Anfangen, commencer.
Anfaulen, commencer à pourrir.
Angrenzen, confiner.
Anhalten, tenir à....
Anheben, commencer.
Anliegen, être près.
Ansprechen, parler.
Anstechen, être proche.
Ansuchen, rechercher, postuler.
Antreiben, flotter.
Antreten, commencer à marcher, se placer près de....
Arbeiten, travailler.
Aufblicken, lever les yeux sur...
Aufbrausen, faire effervescence.
Aufhorchen, écouter avec surprise.
Aufhören, cesser.
Aufhüpfen, sauter.
Aufmerken, écouter avec attention.
Aufschnappen, sauter, faire la bascule.
Aufschwellen, enfler.
Aufsehen, regarder en haut.
Aufsetzen, pousser, tiquer.
Aufwarten, servir quelqu'un, faire sa cour à quelqu'un.
Ausblühen, défleurir.
Ausbluten, saigner, perdre tout son sang.
Ausbrausen, cesser de bruire.
Ausdauern, durer.
Ausdünsten, s'évaporer, s'exhaler.
Ausgähren, cesser de fermenter.
Aushalten, souffrir, durer.
Ausharren, attendre, persévérer.
Ausholen, lever la main pour battre.

Aushören, écouter jusqu'à la fin.
Ausrauchen, cesser de fumer.
Ausreden, achever de parler, prononcer distinctement.
Ausreichen, suffire.
Ausrufen, crier, publier, s'écrier.
Ausruhen, se reposer.
Ausschlafen, dormir tout son soûl.
Aussehen, paraître.
Ausstehen, souffrir.
Ausstürmen, s'apaiser, cesser (*en parlant d'une tempête*).
Austanzen, cesser de danser.
Austoben, revenir de son emportement.
Austraben, aller au trot.
Austragen, monter à... (*en parlant d'une somme*).

B

Beben, trembler, frémir.
Bedürfen, avoir besoin.
Beginnen, commencer.
Bellen, aboyer.
Berathschlagen, délibérer.
Beruhen, dépendre.
Beten, prier dieu.
Betragen, monter à... (*en parlant d'une somme*).
Betreffen, concerner.
Betteln, mendier.
Beystehen, assister.
Beystimmen, donner son assentiment.
Beywohnen, assister, être présent à....
Blicken, regarder.
Blitzen, éclairer, faire des éclairs.
Blöken, beugler, bêler.
Blühen, fleurir.
Bluten, saigner.
Brüllen, mugir, rugir.
Brummen, gronder, murmurer.
Brüten, couver.

Bürgen, cautionner.
Büßen, faire pénitence.

D

Dämmern, commencer à poindre.
Dampfen, fumer.
Danken, remercier.
Darben, manquer des choses nécessaires.
Dauern, durer.
Deuten, montrer, faire signe.
Dichten, faire des vers.
Donnern, tonner.
Drohen, menacer.
Duften, s'exhaler, s'élever en vapeur.
Dunsten, rendre, transpirer.
Durchblicken, paraître à travers.
Durchgreifen, passer la main par une ouverture, décider en usant de son autorité.
Durchgucken, voir par, à travers.
Durchreißen, se déchirer.
Durchschwimmen, passer à la nage.
Durchsetzen, passer par *ou* au travers de, accomplir.
Durchstreichen, passer par, à travers.
Dursten, avoir soif.

E

Eifern, avoir du zèle, s'emporter.
Einreden, interrompre, contredire.
Einstimmen, accompagner avec la voix, consentir.
Einsprechen, venir voir quelqu'un pour lui parler.
Ekeln, avoir du dégoût.
Entsprechen, correspondre, répondre.
Erhellen, apparoir, être manifeste.
Ermangeln, manquer.

F

Fabeln, conter des fables.
Flammen, flamber.

Fortdauern, continuer d'exister, durer.
Fortlesen, continuer de lire.
Fortwähren, continuer, durer.
Freyen, épouser, rechercher en mariage.
Fußen, trouver fond, prendre pied.

G

Gebrechen, manquer, faillir.
Gefallen, plaire.
Gehorsamen, obéir.
Gelüsten, convoiter.
Geruhen, daigner.
Gestehen, avouer.
Gewahren, apercevoir (*plus souvent actif*).
Gleichen, ressembler.
Glimmen, brûler sans flamme.
Gucken, regarder, voir.

H

Heißen, nommer, ordonner.
Hexen, faire le sorcier *ou* la sorcière.
Hinsehen, regarder vers un endroit.
Hungern, avoir faim.
Husten, tousser.

J

Jucken, démanger.

K

Kleben, tenir, s'attacher.
Knicken, se fêler.
Kochen, bouillir, cuire.
Kreuzen, croiser.
Kurzweilen, plaisanter.

L

Lallen, bégayer.
Lauern, guetter, épier.

Lauschen, écouter, épier.
Lügen, mentir.

M

Mangeln, manquer.
Mißtrauen, se défier.
Mitessen, manger avec d'autres personnes.
Mitwirken, coopérer, concourir.
Müssen, falloir.

N

Nachernten, glaner.
Nachgrübeln, raffiner, subtiliser.
Nicken, faire signe de la tête, cligner les yeux.
Nutzen, être utile.

O

Obliegen, vaincre, s'occuper de.,..
Obwalten, se trouver, se rencontrer.

P

Pfeifen, siffler.
Plätschern, barboter.
Prahlen, faire parade.
Prozessiren, plaider.

Q

Quarren, grogner.

R

Raunen, ruser (*en parlant du lièvre*).
Reichen, atteindre.
Ringen, lutter contre.
Röcheln, râler.
Rühren, venir de.

S

Schäumen, écumer.
Scheinen, luire, paraître.
Schielen, loucher.

Schildern, faire sentinelle.
Schlafen, dormir.
Schleppen, traîner.
Schmeicheln, flatter.
Schwanken, vaciller.
Schwelgen, faire débauche.
Schwitzen, suer.
Seufzen, soupirer.
Siegen, vaincre.
Sorgen, avoir soin.
Sprechen, parler.
Stammeln, balbutier.
Staunen, s'étonner.
Stecken, tenir, être fiché.
Stöhnen, gémir de douleur.
Stottern, bégayer.
Streben, s'efforcer.
Stürmen, faire un orage.
Sündigen, pécher.

T

Taugen, être bon à..., valoir.
Tönen, sonner, résonner.
Trauern, être triste, en deuil.
Träumen, songer, rêver.
Trotzen, narguer, braver.

U

Übernachten, coucher, passer la nuit.
Umfragen, demander à la ronde.
Unterliegen, succomber.

V

Verbluten, perdre tout son sang.
Verfangen, faire effet, profiter.
Verlauten, se répandre (*en parlant des nouvelles*).
Verstehen, comprendre.

Verstoßen, pécher contre....
Vertrauen, se confier à...
Verweilen, tarder.
Verweisen, réprimander.
Verwerfen, avorter.
Verziehen, attendre, demeurer.
Vorstehen, être devant.

W

Wackeln, pencher de côté et d'autre.
Walten, faire, agir, disposer.
Warten, attendre.
Wehklagen, se lamenter.
Weissagen, prophétiser.
Wüthen, être en fureur.

Z

Zaudern, tarder.
Zerbrechen, se rompre.
Zerreißen, se déchirer, se rompre.
Zucken, palpiter, faire un mouvement subit.
Zuheilen, se fermer, se guérir.
Zwitschern, gazouiller.

§ 165.

II. *Liste générale des verbes neutres qui se conjuguent soit avec* seyn, *soit avec* haben.

A

Abblühen, défleurir.
Abschlagen, baisser, diminuer de prix.
Angehen { commencer, seyn.
{ concerner, s'adresser à..., haben.
Anschlagen, donner contre quelque chose, opérer.
Anschwellen, enfler.
Anziehen { approcher, s.
{ prendre, h.

Arten, tenir de....
Aufsitzen { veiller, h.
           { monter à cheval, s.
Aufstehen { se lever, paraître, s.
          { s'ouvrir, h.
Ausdampfen { s'évaporer, s.
           { cesser de fumer, h.
Ausfliegen { s'envoler, s.
           { cesser de voler, h.
Auskriechen { éclore, s.
            { cesser d'éclore, h.
Auslaufen { courir hors d'un lieu, s.
          { cesser de courir, h.
Ausreisen { aller faire un voyage, s.
          { finir ses voyages, h.
Ausschlagen { bourgeonner, réussir, s.
            { ruer, finir de sonner, h.
Ausschweifen, s'écarter, divaguer.

B

Begegnen, rencontrer, en user (bien ou mal) avec quelqu'un.
Bekommen { recevoir, prendre, h.
         { faire effet, s.
Bestehen { subsister, s.
         { consister, h.

D

Dringen, percer, pénétrer.
Durchschlagen { percer, s.
              { boire (en parlant du papier), h.

E

Eilen, se hâter.
Einschlagen, entrer, réussir.
Entstehen, naître, arriver.

F

Fahren, aller en voiture, en bâteau, etc.
Fließen, couler.

Fortfahren, avancer.
Frieren, geler.

G

Gehen, aller.
Glücken, réussir.

H

Hüpfen, sauter.

J

Irren { se tromper, h.
       { errer, s.
Jagen { galopper, s.
       { chasser, h.

K

Klettern, grimper, gravir.
Knien, se mettre à genoux.
Kriechen, ramper, entrer en rampant.

L

Laufen, courir.

M

Marschiren, marcher.
Mitfahren, aller de compagnie en voiture, par eau.

N

Reifen { mûrir, s.
        { geler blanc, h.
Reisen, voyager.
Reiten { aller à cheval, s.
        { monter un cheval, h.
Rollen, rouler.
Rudern, ramer, voguer.

S

Schlagen, heurter, tomber.
Schwimmen, nager.

Segeln, faire voile, voguer.
Sprießen, sortir, pousser.
Spritzen, jaillir.
Stolpern, broncher.
Stoßen, pousser.
Straucheln, trébucher.

T

Traben, trotter.
Träufeln }
Triefen } dégoutter, tomber goutte à goutte.
Tröpfeln }

V

Verzagen, perdre courage.

W

Wandeln } cheminer.
Wandern }
Waten, marcher dans l'eau, passer à gué.

Z

Ziehen, aller.

---

§ 166.

Liste alphabétique des verbes irréguliers.

Nota. Quoique nous nous soyons suffisamment étendus sur les verbes irréguliers dans la première partie, nous avons cru devoir les réunir ici dans leur ordre alphabétique, afin de faciliter les recherches.

B

Backen, cuire au four. § 72.
Bedürfen, avoir besoin. 82.
Befehlen, commander. 75.
Befleißen (sich), s'appliquer. § 76.
Beginnen, commencer. 77.
Beklemmen, serrer (le cœur). 75.

Beißen, mordre. § 76.
Bellen, aboyer. 75.
Bergen, sauver. 75.
Bersten, crever. 75.
Betrügen, tromper. 82.
Bewegen, émouvoir. 75.
Biegen, plier. 78.
Binden, lier. 77.

Bieten, offrir. § 78.
Bitten, prier. 77.
Blasen, souffler. 72.
Bleiben, rester. 76.
Braten, rôtir. 72.
Brechen, rompre. 75.
Brennen, brûler. 75.
Bringen, apporter. 77.

D

Denken, penser. § 75.
Dingen, engager, louer. 77.

Dreschen, battre le blé. § 75.
Dürfen, pouvoir. 82.

E

Empfehlen, recommander. § 75.
Empfinden, sentir. 77.
Erbleichen, pâlir. 76.
Erlöschen, s'éteindre. 80.

Erschallen, retentir. § 72.
Erschrecken, épouvanter. 75.
Erwägen, peser. 74.
Essen, manger. 75.

F

Fahren, aller en voiture. § 72.
Fallen, tomber. 72.
Fangen, prendre. 72.
Fechten, faire des armes. 75.
Finden, trouver. 77.
Flechten, tresser. 75.

Fliegen, voler. § 78.
Fliehen, fuir. 78.
Fließen, couler. 78.
Fressen, manger, (*en parlant des animaux*). 75.
Frieren, geler. 78.

G

Gähren, fermenter. § 74.
Gebären, enfanter. 74.
Geben, donner. 75.
Gebieten, ordonner. 78.
Gedeihen, prospérer. 76.
Gehen, aller. 75.

Gelingen, réussir. § 77.
Gelten, valoir. 75.
Genesen, guérir. 75.
Genießen, jouir de... 78.
Geschehen, arriver. 75.
Gewinnen, gagner. 77.

Gießen, verser. § 78.
Gleichen, égaler. 76.
Gleiten, glisser. 76.
Glimmen, brûler sans flamme. 77.

Gönnen, ne pas envier. § 80.
Graben, creuser. 72.
Greifen, prendre. 76.

H

Haben, avoir. § 72.
Halten, tenir. 72.
Hangen, pendre. 72.
Hauen, couper. 73.

Heben, lever. § 75.
Heißen, nommer, s'appeler. 76.
Helfen, aider. 75.

K

Keifen, gronder. § 76.
Kennen, connaître. 75.
Klimmen, grimper. 77.
Klingen, résonner. 77.
Kneifen, pincer. 76.

Kneipen, pincer. § 76.
Kommen, venir. 79.
Können, pouvoir. 80.
Kreischen, criailler. 76.
Kriechen, ramper. 78.

L

Laden, charger. § 72.
Lassen, laisser. 72.
Laufen, courir. 73.
Leiden, souffrir. 76.
Leihen, prêter. 76.
Lesen, lire, cueillir. 75.

Liegen, coucher. § 78.
Lobpreisen, louer. 76.
Lobsingen, chanter les louanges. 77.
Löschen, s'éteindre. 80.
Lügen, mentir. 82.

M

Mahlen, moudre. § 72.
Meiden, éviter. 76.
Melken, traire. 75.
Messen, mesurer. 75.

Mißlingen, ne pas réussir. § 77.
Mögen, pouvoir. 80.
Müssen, falloir. 82.

N

Nehmen, prendre. § 75.

Nennen, nommer. § 75.

P

Pfeifen, siffler. § 76.
Pflegen, soigner. 75.

Preisen, estimer, louer. § 76.

Q

Quellen, jaillir, gonfler. § 75.

R

Rächen, venger. § 74.
Rathen, conseiller. 72.
Reiben, frotter. 76.
Reißen, arracher. 76.
Reiten, aller à cheval. 76.
Rennen, courir avec précipitation. 75.

Riechen, sentir, flairer. § 78.
Ringen, tordre, lutter. 77.
Rinnen, se cailler. 77.
Rufen, crier. 81.

S

Salzen, saler. § 70; *note.*
Saufen, boire. 73.
Saugen, teter, sucer. 73.
Schaffen, créer. 72.
Scheiden, se séparer. 76.
Scheinen, paraître. 76.
Scheißen, ... 76.
Schelten, injurier. 75.
Scheren, raser. 75.
Schieben, pousser. 78.
Schießen, tirer (*avec une arme*), s'élancer. 78.
Schinden, écorcher. 77.
Schlafen, dormir. 72.
Schlagen, frapper. 72.
Schleichen, se glisser. 76.
Schleifen, aiguiser, polir. 76.
Schließen, fermer. 78.
Schlingen, avaler, entrelacer. 77.

Schmalzen, apprêter avec du beurre. § 70; *note.*
Schmeißen, jeter. 76.
Schmelzen, se fondre. 75.
Schnauben, respirer fortement. 73.
Schneiden, couper. 76.
Schrauben, visser. 73.
Schrecken, s'effrayer. 75.
Schreiben, écrire. 76.
Schreiten, marcher. 76.
Schreyen, crier. 76.
Schroten, égruger. 70; *note.*
Schrunden, se gercer. 70; *note.*
Schwären, suppurer. 74.
Schweigen, se taire. 76.
Schwellen, s'enfler. 75.
Schwimmen, nager. 77.
Schwinden, disparaître. 77.

Schwingen, brandiller. § 77.
Schwören, jurer. 80.
Sehen, voir. 75.
Senden, envoyer. 75.
Sieden, faire bouillir. 78.
Singen, chanter. 77.
Sinken, s'enfoncer. 77.
Sinnen, méditer. 77.
Sitzen, s'asseoir. 77.
Sollen, devoir. 79.
Spalten, se fendre. 70; *note*
Speyen, cracher. 76.
Spinnen, filer. 77.
Spleißen, se fendre. 76.
Sprechen, parler. 75.

Sprießen, germer, pousser. 78.
Springen, sauter. § 77.
Stechen, piquer. 75.
Stecken, être fixé. 75.
Stehen, se tenir debout. 75.
Stehlen, voler. 75.
Steigen, monter. 76.
Sterben, mourir. 75.
Stieben, se dissiper en poussière. 78.
Stinken, puer. 77.
Stoßen, pousser. 79.
Streichen, passer, couler, frotter. 76.
Streiten, combattre. 76.

T

Thun, faire. § 81.
Tragen, porter. 72.
Treffen, atteindre. 75.
Treiben, pousser, chasser. 76.

Treten, marcher, fouler. § 75.
Triefen, dégoutter. 78.
Trinken, boire. 77.
Trügen, tromper. 82.

V

Verbleichen, pâlir. § 76.
Verderben, gâter. 75.
Verdrießen, déplaire. 78.
Vergessen, oublier. 75.
Vergleichen, comparer. 76.
Verhehlen, cacher. 70; *note*

Verlieren, perdre. § 78.
Verlöschen, s'éteindre. 80.
Verschaffen, procurer. 72.
Verschwinden, disparaître. 77.
Versiegen, tarir. 70; *note*.
Verwirren, embrouiller. 77.

W

Wachsen, croître. § 72.
Wägen, peser. 74.
Waschen, laver. 72.
Weichen, céder. 76.
Weisen, montrer. 76.
Wenden, tourner. 75.

Werben, enrôler. § 75.
Werfen, jeter. 75.
Wiegen, peser. 78.
Winden, guinder. 77.
Wißen, savoir. 77.
Wollen, vouloir. 79.

Zeihen, accuser. § 76.
Ziehen, tirer. 78.

Zerstieben, se dissiper en poussière. § 78.
Zwingen, forcer. 77.

CHAPITRE IV.

CHANGEMENT DES VOYELLES

a, o, u EN ä, ö, ü.

LES voyelles a, o, u, comme on a pu le remarquer, se changent fort souvent en ä, ö, ü :
1º Dans les mots dérivés ;
2º Au pluriel des substantifs ;
3º A quelques temps des verbes irréguliers.

§ 167.

I. MOTS DÉRIVÉS.

Cette modification des voyelles a lieu
I. Dans les diminutifs en chen et en lein. *Ex.* :

der Mann, l'homme ; das Männchen, le petit homme ;
die Frau, la femme ; das Fräulein, la demoiselle noble.

Cependant la voyelle demeure invariable dans quelques diminutifs en chen, où elle ne fait point partie de la syllabe qui précède immédiatement chen, et dans quelques diminutifs en lein, dont le primitif est composé. *Ex.* :

der Adler, l'aigle; das Adlerchen, le petit aigle;
die Maulbeere, la mûre; das Maulbeerlein, la petite mûre.

II. Dans presque tous les substantifs féminins en inn, dérivés de substantifs masculins. *Ex.*:

der Narr, le fou; die Närrinn, la folle.
der Thor, l'insensé; die Thörinn, l'insensée.

Il faut en excepter 1° les substantifs dérivés de langues étrangères. *Ex.*:

der Monarch, le monarque; die Monarchinn, la souveraine;
der Komödiant, le comédien; die Komödiantinn, la comédienne.

2° Presque tous les substantifs formés de noms masculins en er. *Exemple*:

der Maler, le peintre; die Malerinn, la femme peintre;

et un petit nombre d'autres, comme:

der Herzog, le duc; die Herzoginn, la duchesse;
der Gemahl, l'époux; die Gemahlinn, l'épouse.

III. Dans les substantifs en e, dérivés d'adjectifs. *Ex.*:
die Güte, la bonté, *de* gut, bon;
die Länge, la longueur; *de* lang, long.

IV. Dans un grand nombre de substantifs dérivés, en el, er et ling. *Exemple*:

der Stöpfel, le bouchon, *de* stopfen, boucher;
der Schäfer, le berger, *de* Schaf, brebis;
der Jüngling, le jeune homme, *de* jung, jeune.

Remarque. Le changement des voyelles a, o, u, est aussi très fréquent dans les adjectifs et dans les verbes dérivés. *Ex.*:

lächeln, sourire, *de* lachen, rire;
einschläfern, endormir, *de* schlafen, dormir;
ächzen, gémir, *de* ach! hélas;
hölzern, de bois (*ligneus*), *de* Holz, bois;
nöthig, nécessaire, *de* Noth, besoin, etc.

Mais il faudrait entrer dans de trop longs détails, pour donner à ce sujet des règles bien complètes.

§ 168.

II. PLURIEL DES SUBSTANTIFS.

Changent au pluriel les voyelles a, o, u, en â, ô, û :

I. Tous les substantifs qui prennent au pluriel la terminaison er. *Ex.* :

Substantifs masculins.

Gott, Dieu ;	die Götter, les dieux.
der Irrthum, l'erreur ;	die Irrthümer, les erreurs.
der Reichthum, la richesse ;	die Reichthümer, les richesses.
der Ort, l'endroit ;	die Örter, les endroits.
der Mann, l'homme ;	die Männer, les hommes.
der Wald, la forêt ;	die Wälder, les forêts.
der Wurm, le ver ;	die Würmer, les vers.

Substantifs neutres.

das Blatt, la feuille ;	die Blätter, les feuilles.
das Haus, la maison ;	die Häuser, les maisons.
das Fürstenthum, la principauté ;	die Fürstenthümer, les principautés, etc.

II. Les substantifs masculins et féminins, qui prennent au pluriel la terminaison e. *Ex.* :

der Sohn, le fils ;	die Söhne, les fils.
der Schlund, le gouffre ;	die Schlünde, les gouffres.

On en excepte les substantifs masculins suivans, qui conservent au pluriel les voyelles du singulier :

der Arm, le bras ;	der Grad, le degré ;
der Diamant, le diamant ;	der Herzog, le duc ;
der Dorn, l'épine ;	der Huf, le sabot ;
der Drath, le fil d'archal ;	der Hund, le chien ;
der Gemahl, l'époux ;	der Kapaun, le chapon ;

der Kryſtall, le crystal ; der Schuh, le soulier ;
der Küraß, la cuirasse ; der Sporn, l'éperon ;
der Lachs, le saumon ; der Spion, l'espion ;
der Monat, le mois ; der Stoff, l'étoffe ;
der Ort, le lieu ; der Strauß, l'autruche ;
der Pfad, le sentier ; der Tag, le jour ;
der Punkt, le point ; der Turban, le turban ;
der Salat, la salade ; der Zoll, le pouce (*mesure*).

Joignez à ces exceptions les substantifs masculins en al, excepté :

der Cardinal, le cardinal ; die Cardinäle, les cardinaux ;
et der Canal, le canal ; die Canäle, les canaux.

III. Parmi les substantifs qui ont le nominatif pluriel semblable au nominatif singulier, les suivans changent les voyelles :

Masculins.

der Acker, l'arpent ; die Äcker, les arpens ;
der Apfel, la pomme ; die Äpfel, les pommes ;
der Boden, le fond, etc. ;
der Bogen, l'arc ;
der Bruder, le frère ;
der Faden, le fil ;
der Garten, le jardin ;
der Graben, le fossé ;
der Hammel, le mouton ;
der Hammer, le marteau ;
der Handel, le commerce ;
der Laden, la boutique ;
der Magen, l'estomac ;
der Mangel, le manque ;
der Mantel, le manteau ;
der Nabel, le nombril ;
der Nagel, le clou, l'ongle ;
der Ofen, le fourneau, le poêle ;
der Sattel, la selle ;
der Schaden, le dommage ;

der Schnabel, le bec ;   die Schnäbel, les becs ;
der Schwager, le beau-frère, etc. ;
der Vater, le père ;
der Vogel, l'oiseau.

Féminins.

die Mutter, la mère ;   die Mütter, les mères ;
die Tochter, la fille ;   die Töchter, les filles.

Neutre.

das Kloster, le cloître ;   die Klöster, les cloîtres.

§ 169.

III. IMPARFAIT DU SUBJONCTIF ET PRÉSENT DE L'INDICATIF DANS LES VERBES IRRÉGULIERS.

I. Les voyelles a, o, u de l'imparfait de l'indicatif se changent en â, ô, û, à l'imparfait du subjonctif des verbes irréguliers. *Ex.* :

finden, trouver ; ich fand, je trouvais ; ich fände, (que) je trouvasse ;
riechen, sentir ; ich roch, je sentais ; ich röche, (que) je sentisse ;
tragen, porter ; ich trug, je portais ; ich trüge, (que) je portasse ;

Excepté :

brennen, brûler ;   rennen, courir ;
kennen, connaître ;   senden, envoyer ;
nennen, nommer ;   et wenden, tourner,

qui conservent l'e à l'imparfait du subjonctif, quoique l'imparfait de l'indicatif soit en a.

Quelques verbes qui avaient autrefois un o à l'imparfait de l'indicatif, prennent ö à l'imparfait du subjonctif, quoique aujourd'hui ils aient l'imparfait de l'indicatif en a. *Ex.* :

ich begann (*autref.* begonn), je commençais ; ich begönne, (que) je commençasse.

Il en est aussi trois ou quatre qui, pour la même raison, prennent û à l'imparfait du subjonctif, quoiqu'ils aient a à l'imparfait de l'indicatif. *Ex.* :

ich half (*autref.* hulf), j'aidais; ich hülfe, (que) j'aidasse.

11. Les verbes qui ont a pour voyelle principale à l'infinitif, le changent en ä à la seconde et à la troisième personne du présent de l'indicatif. *Ex.* :

fallen, tomber; du fällst, er fällt;
hangen, être suspendu; du hängst, er hängt.

Excepté :

erschallen, retentir;   haben, avoir;
schaffen, créer;   et laben, charger,

qui conservent l'a : cependant laben prend aussi quelquefois ä.

Parmi les verbes qui ont au à l'infinitif, laufen, *courir*, et saufen, *boire*, sont les seuls qui adoucissent l'a au présent de l'indicatif. *Ex.* :

du läufst, er läuft; du säufst, er säuft.

On dit aussi régulièrement :

du laufst, er lauft; du saufst, er sauft.

SECONDE PARTIE.

SYNTAXE.

CHAPITRE I.

DE L'ARTICLE.

I. ARTICLE DÉFINI.

§ 170.

L'ARTICLE défini s'emploie, comme en français, devant les substantifs ou les mots pris substantivement, toutes les fois qu'on a besoin de déterminer l'objet. *Ex.*:

> der Greis, le vieillard (ὁ γέρων. B. §. 306);
> der Engel der Schöpfung, l'ange de la création;
> der Rhein, le Rhin;
> die Donau, le Danube;
> die gute Mutter, la bonne mère;
> der Gelehrte, le savant;
> das Lieben (τὸ φιλεῖν. B. § 281);
> das Trinken und Essen, le boire et (le) manger;
> das Meinige, le mien;
> der beste Freund, le meilleur ami;

Karl der Kühne, Charles-le-Téméraire ;
Ludwig der Eilfte, Louis onze ;
das Hundert, le cent.

Les règles qu'on peut tirer de ces exemples sont communes aux deux langues. Celles qui vont suivre sont particulières à la langue allemande.

§ 171.

I. L'article s'emploie ordinairement :

1° Devant les noms propres, lorsqu'on les laisse indéclinables.

Au nominatif il est mieux de ne pas l'exprimer, excepté dans certaines phrases familières, ou lorsque le nom propre est précédé d'un adjectif. *Ex.* :

Karl von Burgund, Charles de Bourgogne ;
Heinrich liebte den Sully, Henri aimait Sully ;
(Σωκράτης, ὁ Σωκράτης. B. § 307.)

der Peter ist ein Schelm, Pierre est un coquin ;
der heilige Karl, saint Charles.

2 Devant les noms des saisons et des mois. *Ex.* :

im (pour in dem) Winter, en hiver *ou* dans l'hiver ;
der April, der May, avril, mai.

§ 172.

II. L'article se supprime ordinairement :

1° Devant les noms propres de pays et de régions. *Exemple* :

Gegen Norden, vers le nord ;
Frankreich, la France ;
Deutschland, l'Allemagne.

Font exception à cette règle quelques noms de pays féminins qui admettent l'article :

die Schweiz, la Suisse; die Moldau, la Moldavie;
die Türkey, la Turquie; die Walachei, la Valachie; etc.

2° Après l'adjectif aller, alle, alles; *tout, toute, tout. Ex.* :

 alle Menschen, tous les hommes;
 alle Weisen, tous les sages.

3° Devant les substantifs au nominatif, quand ils sont précédés d'un génitif qu'ils gouvernent. *Ex.* :

der Mutter Tugend, la vertu de la mère;
Wieland hat Horazens Satyren übersetzt, Wieland a traduit les satires d'Horace.

4° Lorsque plusieurs substantifs au même genre, au même nombre et au même cas, se suivent immédiatement, on n'exprime ordinairement l'article que devant le premier. *Ex.* :

die Menge der Fürsten, Herren, Ritter und Boten, welche zu Costanz versammelt waren. (*Jean de Müller.*)
La foule des princes, (des) ducs, (des) chevaliers, et (des) envoyés, qui étaient rassemblés à Constance.

Nous ne parlons pas ici de ces locutions vives ou proverbiales, où l'on supprime l'article pour donner plus de rapidité ou plus d'énergie à la phrase; parce qu'il en est de même en français. Seulement l'emploi en est plus fréquent en allemand. *Ex.* :

Noth gibt Gefühl unsrer Kraft, unsres Werthes. (*Engel.*)
(Le) besoin (nous) donne (le) sentiment de notre force, de notre mérite.
  (αὐτάρκειά ἐστι πλοῦτος. B. § 260.)

II. ARTICLE INDÉFINI.

§ 173.

L'article indéfini n'est usité qu'au singulier; au pluriel les mots employés d'une manière indéterminée ne prennent aucun article. *Ex.* :

ein Mann, un homme;
Männer, des hommes.
(γέρων τὸν θάνατον ἐπεκαλεῖτο. B. § 306.)

Les substantifs employés d'une manière partitive n'admettent point d'article. *Ex.* :

geben sie mir Brod, donnez-moi du pain;
haben sie guten Wein? avez-vous de bon vin?
ich lese gern deutsch, je lis volontiers de l'allemand.

§ 174.

Quelquefois en allemand on emploie dans un sens indéfini les substantifs que les Français emploient d'une manière déterminée ou adjectivement. *Ex.* :

Dieser Mann hat eine lange Nase, einen kleinen Mund, cet homme a le nez long, la bouche petite;

En français on dit aussi, mais moins fréquemment:

cet homme a un long nez, une petite bouche.

der Herr ist ein Professor, monsieur est professeur;
die Frau ist eine Italienerin von Geburt, madame est Italienne de naissance;

Remarque. On a vu dans les déclinaisons comment

l'article s'accorde en genre, en nombre et en cas avec les substantifs auxquels il se rapporte. *Ex.* :

der Mann, l'homme;
die Männer, les hommes;
eine Frau, une femme;
einer Frau, d'une femme.

CHAPITRE II.

DU SUBSTANTIF.

I. ACCORD DES SUBSTANTIFS.

§ 175.

Lorsque deux substantifs désignent un même objet, ils se mettent au même cas. *Ex.* :

der König Friedrich, le roi Frédéric;
(*Ludovicus rex*, Lh. ἀνὴρ ποιμήν, B. § 295.)
die Stadt Mainz, la ville (de) Mayence;
(*urbs Roma*, Lh.)

Remarque. On voit par ce dernier exemple que le *de* français ne se rend pas en allemand toutes les fois qu'il ne détruit pas l'apposition.

§ 176.

Il existe en allemand une autre sorte d'apposition qui semble particulière à cette langue. Souvent, et surtout dans le style familier, le substantif qui détermine un nom partitif, se met au même cas que le substantif déterminé. *Ex.* :

ein Stück Brod, un morceau de pain ;
ein Gericht Fische, un plat de poissons.

Dans le style relevé on dirait mieux : ein Stück Brodes ; ein Gericht von Fischen.

Observation. Lorsque deux substantifs, qui doivent être au même cas, sont liés par la conjonction und, *et*, on peut dans le style familier supprimer la terminaison du premier. *Ex.* :

in Freund (*pour* Freundes) und Feindes Land, en pays ami et ennemi.

II. RÉGIME DES SUBSTANTIFS.

§ 177.

Le rapport de possession, de dépendance s'exprime en allemand par le génitif, ou par la préposition von, accompagnée du datif, dans le cas où la terminaison du génitif ne serait pas assez caractérisée ou nuirait à l'euphonie. *Ex.* :

die Erinnerung der Schlacht, le souvenir du combat ;
das Reich der Franken, l'empire des Francs.
(*Liber Petri*, Lh.—φύσεως κακίας σημεῖον. B. 264.)

Mais on ne dirait pas bien : eine Sammlung Dünste, *une réunion de vapeurs*, parce que le substantif Dünste, n'a aucun caractère qui indique le génitif ; il faudra donc dire : eine Sammlung von Dünsten.

§ 178.

Après les substantifs indiquant un titre, tels que: *roi*, *empereur*, *duc*, etc., on se sert de la préposition von, suivie du datif. *Ex.* :

der Großherzog von Weimar, le grand-duc de Weimar.

Dans le style relevé, on peut aussi mettre le nom déterminant au génitif ; mais alors il doit précéder le substantif déterminé. *Ex.* :

Weimar's Großherzog.

On a déjà vu § 172, que, lorsque le génitif précède le substantif déterminé, celui-ci perd l'article.

Nota. La syntaxe des prépositions fera connaître les diverses manières de rendre en allemand les autres rapports exprimés en français par la préposition *de*.

CHAPITRE III.

DE L'ADJECTIF.

I. ACCORD DES ADJECTIFS.

§ 179.

L'ADJECTIF peut être lié au substantif de deux manières, ou par lui-même et sans le secours d'aucun mot intermédiaire, ou comme attribut, par le moyen d'un verbe.

Dans le premier cas, il précède toujours le substantif (1) et s'accorde avec lui en genre, en nombre et en cas (§ 24-27). *Ex.* :

> eine gute Mutter, une bonne mère ;
> ein schöner Garten, un beau jardin ;
> der schöne Garten, le beau jardin.

(*Deus sanctus*, Lh. — θνητὸς ὁ ἄνθρωπος. B. 257.)

Dans le second cas, il est invariable, c'est-à-dire qu'il ne prend aucune des terminaisons qui indiquent les genres, les nombres ou les cas (§ 22). *Ex.* :

die Mutter ist gut ; la mère est bonne ;
die Weisheit ist reich an himmlischen Freuden. (*Engel.*)
La sagesse est riche en joies célestes.

§ 180.

Lorsqu'un seul adjectif se rapporte à plusieurs substantifs désignant un seul et même objet, il suffit de l'exprimer devant le premier. *Ex.* :

> der tugendhafte Bürger und Bauer, le vertueux citoyen et cultivateur.

---

(1) Cependant, quand l'adjectif accompagne un nom propre et qu'il est employé comme surnom, on le place avec l'article après le nom. *Ex.* :

> Karl der zehnte, Charles dix.

Dans le discours relevé on dit aussi : der zehnte Karl.

Le discours familier a conservé quelques formules antiques, comme : mein Vater seliger, *feu mon père*, etc. ; mais on supprime ordinairement la terminaison et l'on dit : mein Vater selig.

Quelques grammairiens prétendent qu'on doit éviter cette tournure au singulier.

§ 181.

Quand un même adjectif se rapporte à plusieurs substantifs désignant des objets différens, on le répète devant chaque substantif. *Ex.* :

der gute Vater und der gute Sohn, le bon père et le bon fils.

Cette règle est loin d'être rigoureuse, et les auteurs s'en écartent souvent, surtout lorsque les substantifs sont au pluriel. *Ex.* :

die Schwäbischen Grafen und Herren. (*Jean de Müller.*) Les comtes et (les) seigneurs de la Souabe.

§ 182.

L'adjectif se met au neutre :

1° Lorsqu'il est pris substantivement et qu'il ne se rapporte pas à un nom de personne. Dans ce cas, il est surtout employé au superlatif. *Ex.* :

das Schönste an einem Freunde ist die Offenherzigkeit, le plus beau (la plus belle qualité) dans un ami, c'est la franchise.

(*Triste lupus stabulis*, Virg. — Κοῦφον ἡ νεότης. B. § 294.)

2° Quand l'adjectif se rapporte à plusieurs personnes de sexe différent. *Exemple (en parlant d'un fils et d'une fille)* :

das schönste von beyden ist die Tochter, le plus beau des deux, c'est la fille.

II. RÉGIME DES ADJECTIFS.

§ 183.

Les adjectifs gouvernent ou le génitif ou le datif; le génitif, lorsqu'il y a rapport de dépendance; le datif, lorsqu'il y a rapport d'attribution.

§ 184.

Adjectifs qui gouvernent le génitif.

Les adjectifs qui gouvernent le génitif marquent une possession positive ou négative, soit au moral, soit au physique. *Ex.*:

bedürftig, qui a besoin;
befugt, autorisé;
benöthigt, qui a besoin;
bewußt, qui sait, qui a connaissance;
eingedenk, qui se souvient;
fähig, capable;
unfähig, incapable;
frey, libre, délivré;
gewahr, qui aperçoit;
gewiß, sûr, certain;
gewohnt, habitué;
gewärtig, qui s'attend à;
los, détaché, privé;
mächtig, puissant, maître;
müde, las, fatigué;
quitt, quitte;
satt, rassasié;
schuldig, coupable;
theilhaftig, participant;
überdrüßig, ennuyé, las;
verdächtig, soupçonné, qu'on peut soupçonner;
verlustig, qui perd;
voll, plein;
(voll *s'emploie aussi quelquefois sans énonciation de cas.* Ex.: voll Wein, *plein de vin.*)
werth, digne, qui vaut;
würdig, digne;
unwürdig, indigne.

(*Plenus vini, etc* Lh. — Μεστὸς θορύβου. B. § 329.)

§ 185.

Adjectifs qui gouvernent le datif.

Les adjectifs qui gouvernent le datif marquent attribution, adhésion ou convenance. *Ex.* :

ähnlich, ressemblant;
angenehm, qui plaît, agréable;
dankbar, reconnaissant;
eigen, propre, qui appartient à;
ergeben, dévoué à;
gehorsam, obéissant à;
geneigt, enclin, sujet à, favorable;
hold, affectionné, favorable;
lästig, onéreux, à charge;
leicht, léger, facile;
lieb, cher, agréable;
nöthig, nécessaire;
nützlich, utile;
schädlich, nuisible;
schuldig, qui doit à, redevable;
schwer, pesant, difficile;
treu, fidèle;
untergeben, soumis;
verbunden, obligé;
verwandt, parent.

Il faut joindre à cette liste des principaux adjectifs qui gouvernent le datif, les mots, angst et bang, *inquiet*, dont l'emploi présente un idiotisme assez remarquable. *Ex.* :

es ist ihm bang *ou* angst, il est inquiet.
(*Id mihi utile est*, Lh.)
(Ὅμοιος εἰμί σοι. *Luc. dial.* 25. — B. § 335.)

Remarque. On a retrouvé dans cette liste quelques-uns des adjectifs qui gouvernent le génitif; mais on a pu voir que, lorsqu'ils gouvernent le datif, ils se construisent d'une manière différente et que le complément devient sujet. *Ex.* :

ich bin dieses bewußt, je suis ayant-connaissance de cela;
es ist mir bewußt, cela m'est connu.

Nota. Nous parlerons, au chapitre des prépositions, des adjectifs qui se joignent à leur complément au moyen d'une préposition.

III. COMPARATIFS ET SUPERLATIFS.

§ 186.

1° *Comparatifs.*

En allemand comme en latin, lorsqu'on ne parle que de deux objets, on emploie le comparatif et non le superlatif. *Ex.* :

die ſtärkere Hand, la plus forte des deux mains.
(*Validior manuum.* Lh.)

Pour la manière de joindre entre eux les divers termes de comparaison, *voyez* Chap. des *Conjonctions.*

§ 187.

2° *Superlatifs.*

Le complément du superlatif relatif se met au génitif ou au datif avec une préposition. *Ex.* :

der ſchönſte Garten der Stadt, *ou* von *ou* in der Stadt ; le plus beau jardin de la ville.
(*Altissima arborum*, ou *ex arboribus*, ou *inter arbores.* Lh.)
(Οὐρανὸς ἥδιστον τῶν θεαμάτων. B. § 304.)

Remarque. Pour donner plus de force au superlatif, on le fait quelquefois précéder du génitif aller, *de tous*, avec lequel il ne forme plus qu'un seul mot. *Ex.* :

der allerliebſte, le plus cher.

§ 188.

Am, pour an dem, avec un superlatif au datif neutre, forme un idiotisme très remarquable dont voici quelques exemples :

Philipp der Zweyte schaute schnell in einen Charakter, der seinem eignen am ähnlichsten war. (*Schiller.*)
Philippe pénétra promptement un caractère, qui avait la plus grande ressemblance avec le sien.

Alle Eigenschaften die er am höchsten schätzte, und am besten würdigen konnte. (*Id.*)
Toutes les qualités qu'il estimait le plus, et qu'il savait le mieux apprécier.

Cette tournure s'emploie, lorsque la comparaison retombe sur la qualité et non sur la personne.

NOMS DE NOMBRE.

§ 189.

Les substantifs qui indiquent un poids, une mesure, une quantité déterminée et le mot Mann, *homme*, en langage militaire, demeurent invariables, quand ils sont précédés d'un nom de nombre. *Ex.* :

zwey Pfund Butter, deux livres de beurre ;
ein Bataillon von sechs hundert Mann, un bataillon de six cents hommes.

§ 190.

Lorsque quelque titre précède le nom d'un prince déterminé par un nom de nombre, ce titre ne se décline point. *Ex.* :

König Heinrichs des Vierten, du roi Henri IV.

§ 191.

Les substantifs qui dépendent des noms de nombre se mettent au génitif, ou au datif avec une préposition. *Ex:* :

zwey meiner besten Freunde *ou* zwey von meinen besten Freunden, deux de mes meilleurs amis.
(*Unus militum* ou *ex militibus*. Lh.—μία ἐξ ἁπασῶν. *Luc. Imag.*)

Remarque. Lorsque le nom de nombre est accompagné d'un pronom personnel au génitif, ce pronom doit précéder le nom de nombre. *Ex.* :

wir sind unser neun, nous sommes neuf.

ADJECTIFS DÉMONSTRATIFS.

§ 192.

1° Dieser *ou* der sert à désigner les objets présens ou proches; jener, les objets absens ou éloignés. *Ex.* :

dieses Buch ist nützlicher als jenes, ce livre-ci est plus utile que celui-là.
(*Hic semper ridebat, ille indesinenter flebat.* Lh. — Οὗτος, ἐκεῖνος. B. § 45.)

Bald dies, bald jenes, tantôt ceci, tantôt cela.
Die Stimme der Nation und persöhnliche Fähigkeiten sprachen so laut für Egmont, als für Oranien, und wenn dieser übergangen wurde, so konnte jener allein ihn verdrängt haben. (*Schiller.*)
La voix de la nation et les qualités personnelles parlaient aussi haut en faveur d'Egmont qu'en faveur du prince

d'Orange, et si celui-là (Egmont) avait eu le dessous, celui-ci seul (Orange) pouvait l'avoir abattu.

§ 193.

Souvent on ajoute le mot hier, pour un objet proche, et da *ou* dort, pour un objet éloigné. *Ex.* :

dieser hier ist ein Lügner, und dieser da ist ein ehrlicher Mann, celui-ci est un trompeur, et celui-là un honnête homme.

Quand on parle de trois objets, dieser se rapporte au plus rapproché, der au second, et jener au troisième.

von Franz, Carl und Ludwig habe ich das verlangt; dieser hat es rund abgeschlagen, der will auch nicht, und jener hat zu viel Geschäfte; j'ai demandé cela à François, à Charles et à Louis; celui-ci a refusé tout net, le second (Charles) ne veut pas non plus, et celui-là (François) est trop occupé.

§ 194.

Le neutre de ces pronoms peut au singulier se rapporter à des substantifs des trois genres et des deux nombres. *Ex.* :

dies sind die Kinder meines Bruders, ce sont les enfans de mon frère;

Heinrich der Vierte, das war ein rechter Held, Henri IV, c'était un vrai héros.

Dans ce dernier exemple, l'adjectif démonstratif est employé par pléonasme, pour donner plus d'énergie au discours.

§ 195.

En allemand, de même qu'en latin, l'adjectif démonstratif peut précéder un adjectif pronominal possessif. *Ex.* :

dieſer, mein Feind, celui-ci (qui est) mon ennemi.
(*Hic meus inimicus.*)

Cependant, en allemand, il faut supposer l'ellipse d'un substantif, et la liaison n'est pas aussi immédiate qu'en latin.

§ 196.

Les génitifs deſſen, deren, derer, répondent souvent au mot français *en. Ex.* :

Er iſt deſſen gewiß, *il en est sûr.*

§ 197.

Souvent aussi, comme en latin, ces mêmes génitifs remplacent un adjectif possessif de la troisième personne, lorsqu'il y a incertitude sur le substantif auquel cet adjectif doit se rapporter. *Ex.* :

Philipp knicte vor dem Vater nieder, und drückte ſein
    Geſicht auf deſſen Hand. (*Schiller.*)
Philippe s'agenouilla devant son père et imprima ses
    lèvres (*m. à. m.* son visage) sur la main de celui-ci.
(*Pater amat suos liberos, at eorum vitia audit.* Lh.)

Remarque. Lorsque ces génitifs sont ainsi employés, ils précèdent toujours le substantif dont ils dépendent, et ce substantif n'est jamais accompagné de l'article.

§ 198.

L'adjectif derjenige, ainsi que der, lorsqu'il tient lieu de derjenige, est toujours suivi d'un adjectif conjonctif. *Exemples:*

Derjenige ist einfältig, welcher nicht viel durch seinen Verstand auffassen kann. (*Kant.*)

Celui-là est (simple) borné, dont l'intelligence se refuse à de nombreuses conceptions.

Herzhaft ist der, welcher nicht erschrickt. (*Id.*)
Celui-là est courageux, qui ne s'effraie point.

Ich will die wahre Freundschaft derer erkennen, welche mich in der Noth unterstützt haben; je veux reconnaître la sincère amitié de ceux qui m'ont secouru dans le besoin.

On peut renverser la construction de ce dernier exemple, mais alors deren, remplace derer. *Ex.:*

Welche mich in der Noth unterstützt haben, deren wahre Freundschaft will ich erkennen.

§ 199.

Derselbe s'emploie, soit seul, soit suivi d'un adjectif conjonctif. *Ex.:*

derselbe Freund, le même ami;
einer von diesen, derselbe, den du mir empfiehlst. (*Wieland.*)
Un d'entre eux, celui-là même que tu me recommandes.

Remarque. On emploie aussi comme synonyme de derselbe, l'adjectif der nämliche, die nämliche, etc.

Avec l'article indéfini, c'est toujours cet adjectif qu'il faut employer. *Ex.:*

ein nämlicher Tag, un même jour.

§ 200.

L'adjectif derselbe s'emploie aussi pour les pronoms personnels, quand on veut éviter l'obscurité, l'équivoque, la répétition du même mot ou d'une proposition entière. *Ex.* :

I. Als ein Wundarzt ihn auf dem Schlachtfelde verbinden wollte, bekam derselbe (au lieu de er) einen Schuß durch den Kopf ; au moment où un chirurgien voulut le panser sur le champ de bataille, celui-là (le chirurgien) reçut une balle qui lui traversa la tête.

Il faut ici derselbe, parce qu'il s'agit du chirurgien, et non er, qui se rapporterait à celui qui devait être pansé.

II. Nun weiß ich, warum Sie dieselbe (pour sie, *elle*) lieben, *maintenant je sais pourquoi vous l'aimez* ; warum Sie dieselben (pour sie *eux* ou *elles*,) lieben, *pourquoi vous les aimez*.

Par là on évite, warum Sie sie lieben, qui serait désagréable à l'oreille.

Remarque. Ce que nous avons dit (§ 196, 197) des génitifs dessen, deren, derer, s'applique aussi aux génitifs de derselbe.

§ 201.

Dans le style d'étiquette, on emploie pour Sie, le pluriel dieselben, que l'on fait précéder de Hoch, *haut* ; Höchst, *très haut* ; Allerhöchst, *le plus haut de tous*, en parlant d'un comte, d'un duc, etc. *Ex.* :

Hochdieselben, Höchstdieselben, Allerhöchstdieselben haben befohlen, (*pour* der Herr Graf hat befohlen), Monsieur le comte a ordonné.

§ 202.

Solcher, solche, solches, *tel*, *pareil*, est ordinairement accompagné d'un nom. Quelquefois aussi on l'emploie seul et comme pronom. Il signifie :

1° De l'espèce dont on vient de parler. *Ex.* :

Solche Menschen *ou* solche verdienen Achtung, de tels hommes méritent de l'estime.

2° D'un si haut degré. *Ex.* :

ein solcher Mann, un tel homme.

§ 203.

Solcher conserve les terminaisons, lorsqu'il est précédé de ein, *un*, ou kein, *aucun* ; mais il les perd, si ein le suit. *Ex.* :

ein solcher Wunsch sey fern von mir! (*Wieland.*)
Loin de moi un tel vœu!
kein solcher Freund, aucun ami pareil ;
solch ein Mann, un tel homme ;
solch eine Tugend, une telle vertu.

Remarque I. Dans le discours familier, on supprime aussi les terminaisons de solcher, quand il est suivi d'un autre adjectif, et alors les terminaisons passent à cet adjectif. *Ex.* :

solch schöner Mann *pour* solcher schöne Mann, un si bel homme.

Remarque II. Solch, suivi de ein, se contracte souvent en so, dans le discours familier. *Ex.* :

so ein Kind kann man nicht zu viel lieben, on ne peut trop aimer un tel enfant.

§ 204.

La signification des adjectifs démonstratifs est relevée par l'adverbe eben, *justement*, qu'on place devant ces adjectifs.

Eben dieser, jener, der, précisément celui-ci, celui-là;
das ist eben derjenige, welcher es gesagt hat, c'est précisément celui qui a dit cela;
eben derselbe Mann, précisément le même homme.

ADJECTIFS CONJONCTIFS.

§ 205.

Un adjectif conjonctif qui se rapporte à plusieurs substantifs qui précèdent, doit être mis au pluriel. *Ex.* :

Weisheit und Tugend sind es, die uns glücklich machen, c'est la sagesse et la vertu qui nous rendent heureux.
(*Pater et mater quos amo.* Lh.)

(*Pour l'emploi du pronom* es, *voy.* § 222.)

§ 206.

Lorsqu'un pronom relatif sert à lier le sujet à plusieurs verbes qui se suivent, il n'est pas nécessaire de le répéter devant chaque verbe, à moins qu'on ne veuille donner plus d'énergie au discours. *Ex.* :

das Fürstenhaus Nassau, welches schon acht Jahrhunderte geblüht, mit dem österreichischen eine Zeit lang gerungen, und dem deutschen Reiche einen Kaiser gegeben hatte. (*Schiller.*)

La maison de Nassau, qui florissait depuis huit siècles, (qui) avait lutté assez long-temps contre la maison d'Autriche et avait donné un empereur à l'empire d'Allemagne.

§ 207.

Welcher, welche, welches, est plus noble que der, die, das.

Cependant on se sert exclusivement de der, dans les cas suivans :

1° Quand il précède un pronom personnel. *Ex.* :

O der du endlich des Meers graunvolle Gefahren erschöpft hast. (*Voss.*)
O toi, qui as enfin épuisé les horribles dangers de la mer.
O tandem magnis pelagi defuncte periclis. Virg. *VI*, 83.

2° Lorsqu'il sert à déterminer l'antécédent plutôt qu'à exprimer un choix parmi plusieurs objets de même espèce. *Ex* :

Der himmlische Vater, der sie der Unsterblichkeit würdig achtete. (*Klopstock.*)
Le père céleste qui la jugea digne de l'immortalité.

Dans cette phrase, il serait moins correct d'employer welcher, qui exprime un choix parmi plusieurs objets et avec lequel la phrase signifierait : *celui des pères célestes, qui...*

3° Aux génitifs des deux nombres, c'est dessen et deren que l'on emploie exclusivement. *Ex.* :

Die Herzoge von Geldern, deren kriegerischer Muth die
Waffen des Hauses Österreich ermüdet hatte. (*Schiller.*)
Les ducs de Gueldre, dont le courage avait lassé les
armes de la maison d'Autriche.

Remarque I. L'on emploie de préférence dessen et de‍ren, parce que welcher et welches peuvent exprimer non-seulement le génitif, mais encore d'autres cas.

Remarque II. Lorsqu'un substantif suit les génitifs
dessen, deren, ce substantif perd son article, et, qu'il soit
sujet ou régime, il se place immédiatement après les
génitifs. *Ex.* :

Die Fürsten, deren Macht auf einem Heer beruhet. (*Jean
de Müller.*)
Les princes, dont (toute) la force est dans une armée.
die Frau, von deren Sohn ich rede, la femme du fils
de laquelle je parle.

§ 208.

Si l'adjectif démonstratif devait être suivi immédiatement de l'article, il faudrait employer welcher, welche,
welches, pour éviter la répétition de der, die, das.

die Furcht, welche die Regierung des Kaisers eingeflößt
hatte. (*Schiller.*)
La crainte qu'avait inspirée le gouvernement de l'empereur.

§ 209.

Devant un nom substantif, on ne peut employer d'autre adjectif conjonctif que welcher. *Ex.* :

Aus welchem Grundsatze ich schließen muß, duquel principe je dois conclure....

§ 210.

Le nominatif et l'accusatif, étant toujours semblables, au singulier féminin et neutre, de même qu'au pluriel des trois genres, on évite en allemand les tournures où, par suite de cette ressemblance, l'emploi des adjectifs conjonctifs pourrait offrir un double sens. Ainsi cette phrase :

Die Truppen welche die Feinde verfolgt haben, *peut signifier*, les troupes qui ont poursuivi les ennemis, *ou* les troupes que les ennemis ont poursuivies.

Pour éviter cette amphibologie, on peut employer la forme passive.

Premier sens. Die Truppen von welchen die Feinde verfolgt worden sind, *les troupes par lesquelles les ennemis ont été poursuivis.*

Deuxième sens. Die Truppen welche von den Feinden verfolgt worden sind, *les troupes qui ont été poursuivies par les ennemis.*

§ 211.

Lorsque l'adjectif conjonctif suit immédiatement l'adjectif démonstratif, ce dernier est toujours exprimé par derjenige *ou* par der, et alors la proposition qui dépend de l'adjectif conjonctif peut devenir un membre incident ou se construire après la proposition principale. *Ex.* :

Derjenige (*ou* der), welcher tugendhaft ist, ist glücklich, celui qui est vertueux, est heureux ;

ou bien derjenige (*ou* der) ist glücklich, welcher tugendhaft ist, celui-là est heureux qui est vertueux.

§ 212.

Wer, pour *derjenige, welcher*; voy. § 44. *Ex.*:

Wer groß im Kleinen ist, wird größer seyn im Großen;
celui qui est grand dans les petites choses, le sera encore plus dans les grandes.

(*Maximum ornamentum amicitiæ tollit, qui ex ea tollit verecundiam. Cic.*)

Remarque I. Quelquefois, pour s'exprimer avec plus d'énergie, on emploie l'adjectif démonstratif devant la seconde proposition, mais il faut pour cela que les deux adjectifs soient au même cas. *Ex.*:

Wer Geld hat, der hat auch Freunde; qui a de l'argent, a aussi des amis.

L'emploi du démonstratif est de rigueur au génitif. *Exemple* :

Wessen Herrschsucht zu weit geht, dessen Sturz ist nahe; celui qui pousse trop loin l'ambition, est près de sa chute.

Remarque II. Si l'adjectif démonstratif ne s'accorde pas en cas avec le relatif, il faut commencer la seconde proposition par le démonstratif der au cas exigé. *Exemple* :

Wer nicht will, den kann man nicht zwingen, on ne peut forcer, celui qui ne veut pas.

(*Quas scripsisti litteras, eæ mihi fuerunt jucundissimæ. Lh.*)

§ 213.

Was, pour *dasjenige, welches*; voy. § 44. *Ex.*:

Was er sagt, ist wahr; ce qu'il dit est vrai.

§ 214.

Was peut aussi être précédé de l'adjectif démonstratif neutre das, ou d'un adjectif neutre pris substantivement, et alors was tient la place de welches. *Ex.*:

das, was sie sagen, ce que vous dites;
das Schönste, was hier ist, ce qu'il y a de plus beau ici.

ADJECTIFS INTERROGATIFS.

§ 215.

Les pronoms interrogatifs se mettent quelquefois au neutre, quoique le substantif auquel ils se rapportent soit du masculin ou du féminin, et dans ce cas on les laisse au singulier, lors même que le substantif est au pluriel. *Exemple* :

welches ist die größte Tugend? quelle est la plus grande vertu?

§ 216.

Au lieu de l'adjectif interrogatif welcher, on emploie aussi les périphrases was für ein (*voy.* § 48), welch ein. *Exemple* :

was für ein Mann (*m. à m. quoi pour un homme*)! welch ein Mann! quel homme!

L'article indéfini disparaît :

1° Au pluriel (*voy.* § 48);

2° Lorsque le substantif est employé d'une manière indéterminée. *Ex.*:

Was für Wein willst du auf dem Tische haben?
Quel vin veux-tu avoir sur la table?

Remarque. Was est quelquefois séparé de für par plusieurs mots. *Ex.*:

was sind es für Männer? quels hommes est-ce là?
(*Pour l'emploi du pronom* es, *voy.* § 222.)

§ 217.

Wer et was, dans le sens interrogatif, comme dans le sens relatif, ne peuvent se rapporter, le premier qu'à des noms de personnes, le second qu'à des noms de choses qui ne sont pas déterminés.

CHAPITRE IV.

DES PRONOMS.

§ 218.

I. Un même pronom personnel peut servir de sujet à plusieurs verbes, et on n'a pas besoin de le répéter devant chacun, pourvu que ces verbes appartiennent tous à la même proposition. *Ex.*:

Unruhvoll versuch' ich von ihm los zu kommen, laufe behender, bleibe wieder stehen. (*Wieland.*)

Impatient, je tâche de m'en débarrasser; je double le pas, je m'arrête, etc.

II. De même, si plusieurs verbes de la même proposition, régissant tous le même cas, ont pour complément un même pronom personnel, il suffit de l'exprimer une fois. *Ex.* :

Wir bringen und opfern Dir diese Früchte. (*Gessner.*)
Nous t'apportons et nous t'offrons ces fruits.

Ces deux règles s'appliquent aussi aux substantifs, mais nous n'en avons parlé qu'ici, parce que c'est surtout au sujet des pronoms que cette ellipse nous a paru s'écarter de l'usage adopté en français.

§ 219.

Le pronom de la trosième personne, se rapportant à un diminutif, peut s'accorder avec l'idée exprimée par le mot, plutôt qu'avec le mot lui-même; ainsi, quoique le diminutif soit du neutre, le pronom peut s'employer au masculin ou au féminin, si le primitif est de l'un de ces deux genres. *Ex.* :

ich bedaure das Mädchen; sie (ou es) hat seine Ältern verloren; je plains la petite fille; elle a perdu ses parens.
(Φίλε τέκνον, B. § 294.)

§ 220.

Si un pronom personnel est suivi d'un adjectif conjonctif, le verbe qui suit cet adjectif se met à la troisième personne, lors même que le pronom est de la première ou de la seconde. *Ex.* :

Aber ich, die einher der Unsterblichen Königinn wandelt.
(*Voss.—Virg.* I. 46.)

m. à m. mais moi qui marche reine des immortels.

Cependant on peut aussi répéter le pronom personnel après l'adjectif conjonctif, et alors le pronom devient sujet du verbe, qui s'accorde avec lui. *Ex.* :

Hören sie mich, der ich unglücklich war; mich, der ich alles verlor (*Engel.*), écoutez-moi, moi qui fus malheureux, moi qui ai tout perdu.

Dans ce cas, on peut quelquefois supprimer le pronom qui précède l'adjectif conjonctif. *Ex.*:

Der du von Ewigkeit bist, toi qui es de toute éternité.

Remarque. Lorsque le pronom personnel est accompagné de selbst, qui équivaut au mot français *même*, on ne répète pas le pronom personnel. *Ex.* :

ich selbst habe ihn gesehen, je l'ai vu moi-même.

§ 221.

On trouve en allemand, comme en grec, en latin et en français, le datif des pronoms personnels employé familièrement par pléonasme. *Ex.* :

der Fuchs muß mir sehr listig seyn, läßt er mir nicht so viel, daß ich ein kleines Schwein dafür vertauschen kann. (*Gleim.*)

Le renard (me) sera bien adroit, s'il ne me laisse assez pour acheter un pourceau.

(Δίζεό μοί τινα πύργον. B. §. 337.)

§ 222.

Le pronom neutre de la troisième personne, es, s'emploie souvent d'une manière indéterminée, comme les pronoms français *ce* et *il* :

1° Avec les verbes impersonnels. *Ex.*:

es donnert, il tonne;
es friert, il gèle;
es gibt, il y a (*m. a m.* il donne);
es hungert mich, j'ai faim.

2° Par une espèce d'apposition, dont il serait quelquefois difficile de rendre compte en français. *Ex.* :

es weinte alles was herum stand; es war eine unvergeßliche Stunde. (*Schiller*).
Tout ce qui l'entourait, fondait en larmes; ce fut là une de ces heures qu'on ne peut oublier.
es lebe der König, vive le roi!
es sind Kinder, ce sont des enfans.

(Remarquez qu'en allemand le verbe ne devient pas impersonnel, comme en français.)

es ist Schade, c'est dommage;
es ist heute mein Namenstag, c'est aujourd'hui ma fête;
ich bin es, c'est moi;
ist es mein Freund? est-ce mon ami?

Remarquez encore les germanismes suivans :

er meint es gut mit mir, il est bien disposé à mon égard (*m. à m.* il le pense bien avec moi);
du hast es gut, tu es dans une situation heureuse (*m. à m.* tu l'as bien), etc., etc.

Souvent le pronom es se lie au mot qui précède, et alors l'e se supprime. *Ex.* :

wie geht's? comment cela va-t-il?

Jesus sprach's, und erhub sich. (*Klopstock.*)
Jésus dit et se leva.

Quelques éditions retranchent l'apostrophe et écrivent : gehts, sprachs.

§ 223.

Toutes les fois qu'un sujet de la troisième personne fait l'action sur lui-même, on emploie le pronom réfléchi seiner, sich, et jamais le pronom personnel er, sie, es. *Ex.*:

er liebet sich, il s'aime ;

er hat uns zu sich kommen lassen, il nous a fait venir chez lui.

On voit, par ce dernier exemple, que l'usage du pronom réfléchi est indispensable en allemand, même dans les cas où, en français, on emploie le pronom *le, lui*.

§ 224.

Par politesse, on emploie la troisième personne du pluriel, au lieu de la seconde personne du singulier ou du pluriel, de même qu'en français on emploie la seconde personne du pluriel au lieu de la seconde du singulier. *Ex.*:

lieber Freund, wie befinden Sie sich? mon cher ami, comment vous portez-vous? (*m. à m.* comment se portent-ils?)

Le pronom s'écrit alors par une lettre majuscule : Sie, Ihrer, Ihnen.

On n'emploie la seconde personne du singulier que dans la poésie, ou en s'adressant à Dieu, ou dans la plus grande intimité, ou par mépris.

On se sert du pronom de la seconde personne du pluriel, lorsqu'on s'adresse

1° Aux hommes en général, comme dans les maximes, dans les proverbes;

2° A plusieurs personnes que l'on tutoie;

3° A des êtres personnifiés;

4° A une personne d'une condition très inférieure; par exemple, en parlant à son domestique:

Johann, decket den Tisch, Jean, mettez la table.

Encore, dans ce dernier cas, il est plus poli d'employer la troisième personne du singulier. *Ex.*:

Johann, geh er mit mir.
Jean, venez avec moi (*m. à m.* qu'il vienne avec moi).

ADJECTIFS PRONOMINAUX POSSESSIFS.

§ 225.

Pour l'accord et la construction, les adjectifs pronominaux possessifs suivent les mêmes règles que les autres adjectifs. (*Voy.* § 179.)

Les observations qui vont suivre, ne portent que sur les particularités que leur emploi peut offrir.

§ 226.

Lorsque l'adjectif possessif de la troisième personne se rapporte à un objet inanimé, il est plus correct d'employer les génitifs desselben et dessen, surtout lorsque le substantif est du neutre. *Ex.*:

das ist ein schönes Haus; wer ist dessen Besitzer? et non sein Besitzer? voilà une belle maison; quel en est le possesseur?

§ 227.

Par politesse, on remplace les adjectifs possessifs de la seconde personne par celui de la troisième personne du pluriel; de même qu'on emploie sie, *ils*, au lieu des pronoms du, *tu* ou *toi*, et ihr, *vous*. (*Voy.* § 224.) *Ex.*:

wo ist Ihr Kind? où est votre enfant?

Remarque. Cependant on emploie encore Eu(e)re, Seine et Ihre devant certains titres d'honneur. *Ex.*:

Eu(e)re Majestät, Votre Majesté;
Eu(e)re Heiligkeit, Votre Sainteté;
Seiner Churfürstlichen Durchlaucht, A Son Altesse électorale;
ich widme Ewer (*pour* Euer) Königlichen Hoheit, je dédie à Votre Altesse royale.

§ 228.

Les Allemands emploient les adjectifs pronominaux possessifs dans plusieurs tournures où, en français, nous nous servons du pronom personnel, précédé de la préposition *à. Ex.*:

dieses Haus ist mein, cette maison est à moi;
dieses Kind ist ihr, cet enfant est à elle.

Cependant, au lieu de l'adjectif possessif de la troisième personne du pluriel, on emploie le datif du pronom personnel. *Ex.*:

dieser Acker ist ihnen, ce champ est à eux.

§ 229.

Nous avons vu, dans la première partie, que les adjectifs possessifs pouvaient s'employer sans substantif, dans le sens des mots français : *le mien, le tien, le sien*, etc. *Exemple* :

es ist nicht sein Freund, sondern meiner ; ce n'est pas son ami, mais le mien.

Cependant, si l'adjectif possessif de la troisième personne se trouvait précédé d'un substantif au génitif, il serait plus correct de répéter le substantif qu'il remplace. *Ex.* :

deine Liebe übertrifft des Vaters seine, ton amour surpasse celui de mon père ; *mieux* : die Liebe des Vaters.

CHAPITRE V.

DU VERBE.

I. ACCORD DU VERBE AVEC SON SUJET.

§ 230.

Lorsque le verbe a pour sujets plusieurs substantifs au singulier, il se met ordinairement au pluriel.

(*Petrus et Paulus ludunt*, Lh.—Δόξα καὶ πλοῦτος, ἄνευ συνέσεως, οὐκ ὠφελοῦσι. B. § 270.)

§ 231.

Cependant il peut rester au singulier :

1° Quand les substantifs sont presque synonymes ou qu'ils désignent un seul objet. *Ex.* :

Der Strom und der Sturm sauſt. (*Göthe*.)
Le torrent et l'ouragan font (fait) du bruit.

(OEtas, forma, et Romanum nomen te ferociorem facit. — Δόξα καὶ πλοῦτος οὐκ ὠφελεῖ. B, § 276.)

2° Quand le verbe précède les substantifs qui lui servent de sujet, pourvu que ces substantifs soient tous au singulier. *Ex.* :

was hilft Jugend, Schönheit und Geld ohne Tugend?
que sert la jeunesse, la beauté, l'argent, sans la vertu?

3° Lorsqu'il a pour sujets plusieurs infinitifs pris substantivement. *Ex.* :

Hoffen und Harren macht Manchen zum Narren, *m. à m.*
espérer et attendre fait plus d'un à fou; *c.-à-d.* l'espérance et l'attente font bien des dupes.

4° On le laisse toujours au singulier dans ces formules d'arithmétique :

eins und zwey iſt drey, un et deux font (fait) trois;
zweymal vier iſt acht, deux fois quatre font huit.

§ 232.

Dans les propositions, où le pronom es est employé d'une manière explétive, le verbe s'accorde avec son sujet principal et non avec ce pronom. *Ex.* :

es ſind ſechs Schiffe an das Ufer gekommen, il est (sont) abordé six vaisseaux au rivage.

II. RÉGIME DES VERBES.

§ 233.

Accusatif.

Outre le régime des verbes actifs (ich liebe den Ruhm, *j'aime la gloire*; amo Deum, Lh.—Τίμα τοὺς γονεῖς. B. § 266), on met encore à l'accusatif le complément de certains verbes neutres (1) pris activement. Cette tournure se rencontre surtout chez les poëtes. *Ex.*:

einen Kampf kämpfen, combattre un combat;
er hat ein glückliches Leben gelebt, il a vécu une heureuse vie (il a vécu heureusement).
(*Vitam jucundam vivere*. — κινδυνεύειν κίνδυνον. B. § 343.)

§ 234.

Certains verbes actifs, tels que fragen, *demander*; lehren, *enseigner*, gouvernent deux accusatifs, l'un de la personne et l'autre de la chose. *Ex.*:

fragen Sie es meine Frau, interrogez (sur) cela ma femme, c.-à-d. demandez-le à ma femme.
(*Doceo pueros grammaticam*. Lh.—Πολλὰ ἐδίδασκε τοὺς μαθητάς. B. § 342.)

Quelques grammairiens prétendent que le verbe lehren ne gouverne l'accusatif de la personne, que lorsque son second complément est un infinitif. *Ex.*:

er lehrt die Kinder tanzen, il montre à danser aux enfans.

---

(1) Nous ne donnerons pas ici la liste des verbes qui, neutres en français, sont actifs en allemand. C'est à l'usage et aux dictionnaires qu'il faut avoir recours pour les connaître.

Si ce second complément est un substantif, ils mettent le nom de la personne au datif. *Ex.* :

er lehrt mir die Mathematik, il m'apprend les mathématiques.

Avec le verbe fragen, le nom de la chose est plus ordinairement précédé des prépositions nach ou um.

§ 235.

On a encore rangé dans la classe des verbes qui gouvernent un double accusatif les verbes nennen, *nommer;* heißen, *appeler, ordonner;* schelten, *injurier. Ex.* :

er schalt ihn einen Schurken, il le traita de coquin (il le traita un coquin).

Mais il nous semble que Schurken est attiré à l'accusatif par le mot ihn, auquel il se rapporte, et qu'on ne doit pas le considérer comme un second complément du verbe.

(*Quem vocamus Leonem.*—Ὅνπερ ἄνθρωπον καλοῦμεν.)

§ 236.

Datif.

Le complément indirect des verbes se met au datif, toutes les fois que ce complément désigne un rapport d'attribution. *Ex.* :

er hat mir ein schönes Buch gegeben, il m'a donné un beau livre;

es gefällt mir nicht, cela ne me plaît pas.

(*Do vestem pauperi.* Lh.—Διδόναι τί τινι. B. § 333.)

§ 237.

Génitif.

Les verbes qui veulent au génitif leur complément indirect, marquent privation ou éloignement, accusation ou conviction, mention ou souvenir, etc., etc. *Ex.*:

1. Berauben, voler, priver;
Entsetzen, déposer, destituer;
Entledigen, décharger, délivrer;
Überheben, dispenser, exempter;
Verweisen, bannir, exiler;
Sich begeben, se démettre;
Sich entladen, se décharger;
Sich enthalten, s'abstenir;
Sich entschlagen, se défaire, se débarrasser;
Sich erwehren, se défendre, s'empêcher;
Sich getrösten, se consoler, se flatter de;
Sich weigern, se refuser, se défendre;
Sich schämen, avoir honte;
Bedürfen, avoir besoin (*non artis indigent poetæ.* — Δεῖσθαι χρημάτων. B. § 328).
Entbehren, se passer;
Genesen, accoucher.

2. Anklagen, accuser (*insimulare furti.* Lh.).
Beschuldigen, accuser, inculper;
Überführen, }
Überweisen, } convaincre (*convincere levitatis*).
Überzeugen, persuader, convaincre;
Versichern, assurer;
Belehren, instruire, informer (*admonui eum periculi.* Lh.).

3. Sich besinnen, se souvenir (*vivorum memini*. Lh.—Μεμ-νήμεθα ἐκείνων. Luc. Mar. D. 14. B. § 328).

Sich entsinnen, se ressouvenir;

Sich erinnern, se souvenir, se rappeler;

Erwähnen, faire mention;

Gedenken, penser, faire mention.

4. *Joignez-y les verbes suivans* :

Würdigen, juger digne, daigner;

Sich annehmen, s'intéresser, se mêler;

Sich bedienen, se servir;

Sich befleißigen, ou Sich befleißen, } s'appliquer;

Sich bemächtigen, ou Sich bemeistern, } s'emparer, se rendre maître (*rerum potiri*).

Sich erbarmen, avoir pitié (*miserere pauperum*. Lh.).

Sich rühmen, se vanter;

Sich unterstehen, oser, s'aviser de, prendre la hardiesse;

Sich vermuthen, s'attendre, se douter;

Sich versehen, se douter;

Gewohnen, s'habituer, s'accoutumer;

Spotten, se moquer.

§ 238.

Lorsqu'un verbe a pour complément un infinitif, il s'y joint ou par lui-même et sans le secours d'aucune préposition, ou par le moyen de la préposition zu.

Parmi les verbes qui peuvent régir l'infinitif sans le secours d'aucune préposition, les principaux sont helfen, *aider*; heißen, *ordonner*; lehren, *enseigner*; lernen, *apprendre*; müssen, *falloir*; sollen, *devoir*; können, *pouvoir*; mögen, *pouvoir*; wollen, *vouloir*; etc. *Ex.* :

er heißt mich gehen, il m'ordonne de sortir.

Les verbes qui se joignent à l'infinitif qui leur sert de complément, par le moyen de la préposition zu, peuvent la faire précéder de um, pour mieux marquer le but de l'action. *Ex.* :

er kam mich zu sehen *ou* um mich zu sehen, il vint pour me voir. (Πρὸς τὸ λέγειν. B. § 281.)

Parmi les autres prépositions, ohne, *sans*, est la seule qui puisse précéder l'infinitif accompagné de zu. *Ex.* :

er kam ohne sich zu melden, il vint sans s'annoncer.

III. EMPLOI DES MODES.

§ 239.

INFINITIF.

L'infinitif employé substantivement, suit toutes les règles relatives au substantif; *voy.* § 175-179.
(B. § 281.)

PARTICIPE.

Participe présent.

§ 240.

Il s'emploie souvent comme adjectif, surtout dans le style élevé et poétique. *Ex.* :

die leidende Natur, la nature souffrante;
die wüthende Krieger, les guerriers furieux;

Und die umhüllende Wolk' entreißet den Tag und den
Himmel. (*Voss.*)

Et le nuage qui-les-enveloppe leur enlève le jour et le ciel.
Eripiunt subito nubes cœlumque diemque. Virg. I. 88.

§ 241.

Mais, d'un autre côté, il ne s'emploie guère comme verbe, et l'on y supplée par diverses tournures. *Ex.*:

als ich noch ein kleiner Knabe war, ging ich ꝛc.; étant encore enfant, j'allai...;

da wir kein Geld mehr hatten, mußten wir aufhören; n'ayant plus d'argent, nous dûmes cesser;

er entschuldigte sich und sagte, il s'excusa en disant.

La préposition zu, avec le participe présent, forme un idiotisme très remarquable; elle lui donne un sens futur, qui approche de celui du participe en *dus, da, dum* des Latins. *Ex.*:

die zu bezahlenden Schulden, les dettes à payer, qui doivent être payées.

Participe passé.

§ 242.

Outre son emploi dans les temps composés des verbes et comme adjectif, il remplace quelquefois l'impératif. *Exemple*:

getrunken, buvons *ou* buvez;
gespielt, jouons *ou* jouez.

Il est facile de se rendre compte de cette locution par l'ellipse des mots es sey, *qu'il soit*.

§ 243.

L'emploi du participe passé est encore assez remarquable dans les phrases suivantes, où il équivaut à l'infinitif ou au participe présent français :

das heißt gearbeitet, gelogen, cela s'appelle travailler, mentir;

er kam gelaufen, gefahren, il vint en courant, étant en voiture.

INDICATIF.

§ 244.

L'indicatif présente un fait comme existant réellement et indépendamment de l'idée de celui qui parle.

§ 245.

Présent.

Les Allemands emploient le présent de l'indicatif dans les cas suivans, où les Français font usage du subjonctif : 1° après un pronom relatif;

(Παρ' ἐμοὶ οὐδεὶς μισθοφορεῖ, ὅστις μὴ ἱκανός ἐστιν ἴσα ποιεῖν ἐμοί. B. § 364.)

2° Dans les phrases où le *que* français pourrait se tourner par *de ce que*;

3° Après certaines conjonctions, telles que obschon, obgleich, wenn schon, wenn gleich, *quoique, quand même*, auf daß, da, *afin que*; bis, *jusqu'à ce que*, etc. Ex. :

Remarque. Après les conjonctions wann, *quand*, so lang (als), *tant que*, les Allemands n'emploient pas le futur, mais le présent de l'indicatif. *Ex.* :

Wann Sie ihm schreiben, melden Sie ihm meinen Gruß; quand vous lui (écrivez) écrirez, faites-lui mes complimens;

so lang (als) Sie wollen, tant que vous (voulez) voudrez.

§ 246.

Imparfait.

Ce temps répond à-la-fois à l'imparfait et au prétérit défini français, et même quelquefois au prétérit indéfini.

Lorsqu'on l'emploie dans le sens du prétérit, il faut que le narrateur ait été témoin oculaire du fait ou qu'il le rapporte, en citant son autorité; dans le cas contraire, on a recours au parfait. Ainsi nous dirons

Comme témoins oculaires du fait ou en citant l'autorité :	*En racontant ce que nous avons entendu dire :*
die Schlacht ging verloren, nous perdîmes la bataille;	die Schlacht ist verloren gegangen, on a perdu la bataille.
heute früh, sagt er, kam ein Courier, ce matin, dit-il, il est arrivé un courrier.	heute früh ist ein Courier gekommen, il est arrivé ce matin un courrier.

« Selon qu'on se représente l'espace où se passa l'évènement, comme plus ou moins étendu, nous pouvons, en qualité de narrateurs, supposer que nous sommes ou au dedans ou au dehors de cet espace, et conséquemment raconter tantôt avec l'imparfait, tantôt avec le parfait.

Par exemple, supposons qu'un roi vienne de mourir, le valet de chambre qui a été présent à la mort, dit aux courtisans : der König starb sehr sanft, *le roi est mort fort tranquillement;* les courtisans racontant le fait à quelques habitans de la ville, disent : gestern starb unser König, *hier mourut notre roi.* Ces derniers disent plus tard aux autres citoyens : gestern ist unser König gestorben, *hier est mort notre roi;* mais qu'ils annoncent cette nouvelle à leurs amis de la province, ils écriront : vor zwey Tagen starb unser König, *notre roi mourut il y a deux jours.* Les amis répandent cette nouvelle dans l'endroit où ils demeurent, et disent : vor acht Tagen ist der König von W. gestorben, *le roi de W. est mort il y a huit jours.* Ces mêmes amis écrivent cette nouvelle à des habitans de pays étrangers, et ils s'expriment ainsi : den 18ten dieses Monats starb der König von W., *le 18 de ce mois est mort le roi de W.* — La différence du temps employé dépend donc des différentes limites de l'espace qui renferme l'action.

« Par l'imparfait, non-seulement nous désignons que nous étions personnellement renfermés dans le lieu de l'action, mais encore nous marquons souvent que la personne à qui nous parlons, y était elle-même renfermée. Par exemple je dirai : ich fragte gestern Herrn N. nach dieser Sache, *je m'informai hier de cette affaire auprès de M. N.*, et je ne le dirai qu'autant que la personne à qui je parle aura été avec moi chez M. N.; sinon, je devrai dire : ich habe gestern Herrn N. darnach gefragt, *je m'en informai hier auprès de M. N.* (1) »

---

(1) Heinsius, trad. par Taillefer, p. 310-311.

§ 247.

Plusqueparfait.

De même que l'imparfait, ich lobte, signifie à-la-fois *je louais* et *je louai*, de même le plusqueparfait, ich hatte gelobt, équivaut aux deux temps français *j'avais loué* et *j'eus loué.*

SUBJONCTIF.

§ 248.

Le subjonctif se rapporte toujours à une chose incertaine ou douteuse, par conséquent il s'emploie :

1° Après les verbes qui marquent un desir, une croyance, un commandement, un conseil, une crainte, un doute, une condition, une demande. *Ex.* :

Ich glaube daß Sie besser gethan hätten..., je pense que vous eussiez mieux fait... ;

er wünscht du schreibest ihm öfter, il desire que tu lui écrives plus souvent.

On voit, par ce dernier exemple, que la conjonction daß n'est pas indispensable pour lier les verbes entre eux.

Er fragte mich ob ich krank sey, il me demanda si (je suis) j'étais malade.

Il est à remarquer que le second verbe est au présent, et non pas à l'imparfait comme en français; parce que l'état, exprimé par le second verbe, était présent au moment de la demande.

Remarque. Le subjonctif, employé dans certaines exclamations qui marquent un souhait, peut s'expliquer par l'ellipse d'un verbe de desir. *Ex.:*

    Hätte ich Geld! eussé-je de l'argent!

2.° Après la conjonction wenn, *si*, lorsque le verbe est à l'imparfait ou au plusqueparfait. *Ex.:*

Wenn Sie eher gekommen wären, si vous étiez venu plus tôt.

---

§ 249.

CONDITIONNEL.

Pour exprimer ce mode, on emploie indifféremment, en allemand, l'imparfait et le plusqueparfait du subjonctif ou les conditionnels. *Ex.:*

ich hätte ihm geschrieben *ou* ich würde ihm geschrieben haben, wenn ich seinen Aufenthalt gewußt hätte, je lui aurais écrit, si j'avais su sa demeure.

Mais on emploie toujours l'imparfait ou le plusqueparfait du subjonctif, lorsqu'il y a desir ou crainte. *Exemple:*

Ich hätte gern gegessen, j'aurais mangé volontiers; wollten Sie so gütig seyn? seriez-vous assez bon?

Au contraire, on ne peut se servir que du conditionnel, lorsqu'il dépend d'un temps passé d'un autre verbe. *Ex.:*

Er dachte, ich würde es glauben, il pensait que je le croirais.

§ 250.

IMPÉRATIF.

L'impératif, aux secondes personnes du singulier et du pluriel, a deux formes, dont l'une sert à commander, l'autre à inviter, à prier. Comme la troisième personne du singulier et les première et troisième personnes du pluriel n'ont qu'une seule forme, on emploie souvent de préférence des impératifs composés, qui indiquent si l'on invite, si l'on prie, si l'on commande. *Exemple :*

3ᵉ p. S. et P. {
  er soll
  sie sollen
} loben, { il doit louer, qu'il loue ; ils doivent louer, qu'ils louent.

  er mag *ou* kann
  sie mögen *ou* können
} loben, { il peut louer, qu'il loue ; ils peuvent louer, qu'ils louent.

1ʳᵉ pers. P. {
  wir wollen loben, nous voulons louer, louons ;
  lasse uns
  lasset uns
  lassen sie uns
} loben, { laisse-nous louer ; laissez-nous louer.

OBSERVATIONS SUR LES TEMPS COMPOSÉS.

§ 251.

Quand deux ou plusieurs verbes de suite ont le même auxiliaire au même nombre, au même temps et à la même personne, on peut ne l'exprimer qu'une fois, et alors il se met avant le premier verbe ou après le dernier, suivant que l'exige la construction. *Ex.*:

Ich habe den Garten gekauft, und baar bezahlt, j'ai acheté le jardin et je l'ai payé comptant.

On retranche même quelquefois l'auxiliaire du parfait et du plusqueparfait d'un premier verbe, quoique celui qui vient après ne soit ni au même temps ni au même nombre, ni à la même personne, ni accompagné du même auxiliaire. *Ex.*:

Je länger der Leser bey der Einleitung verweilt worden, je mehr er sich mit den Personen familiarisirt, und in dem Schauplatze, auf welchem sie wirken, eingewohnt hat, desto... (*Schiller.*)

Plus on a arrêté le lecteur à l'introduction, plus il s'est familiarisé avec les personnages, plus il est demeuré sur le théâtre où ils agissent; plus...

Dans cet exemple, on n'a exprimé que l'auxiliaire hat, quoique le participe worden se construise avec ist.

Dans le style élevé, on supprime entièrement les verbes auxiliaires haben et seyn, lorsqu'ils doivent être rejetés après le participe. *Ex.*:

Als Cyrus den Babylonischen Monarchen überwunden, bestritt er die Städte der Griechen auf der Küste Joniens, (*Jean de Müller.*)

Lorsque Cyrus eut vaincu le roi de Babylone, il attaqua les villes des Grecs situées sur le rivage de l'Ionie.

§ 252.

Les verbes heißen, *ordonner;* helfen, *aider;* hören, *entendre;* sehen, *voir,* ainsi que dürfen, können, lassen, mögen, müssen, sollen, wollen, ne forment pas leurs temps composés avec le participe passé, mais avec l'infinitif, lorsqu'ils sont accompagnés d'un autre verbe à l'infinitif. *Exemple* :

ich habe nicht verstehen wollen, je n'ai pas voulu comprendre.

Les verbes lehren, *enseigner*, et lernen, *apprendre*, forment indifféremment leurs temps avec le participe ou avec l'infinitif.

§ 253.

OBSERVATION SUR LES VERBES PASSIFS.

Les Allemands remplacent souvent l'actif par le passif, qu'ils aiment surtout à employer comme impersonnel. Les verbes neutres eux-mêmes sont souvent employés de cette manière. Nous allons en donner quelques exemples assez remarquables :

Es wird erzählt (*narratur*. Lh. — λέγεται. B. 283), on raconte;
es wird viel Neues erzählt, on raconte beaucoup (de nouveau) de choses nouvelles;
es wird mir geholfen, (il est aidé à moi) on m'aide.
(*Ventum est*. Lh.)

Le pronom es disparaît, lorsque la proposition commence par un autre mot. *Ex.* :

Heute wird erzählt, on raconte aujourd'hui.

CHAPITRE VI.

DES PRÉPOSITIONS.

§ 254.

Les prépositions sont destinées à exprimer ceux des rapports qui ne seraient point suffisamment déterminés par les cas.

I. RÉGIME DES PRÉPOSITIONS.

Des diverses prépositions allemandes, les unes régissent un seul cas, les autres deux.

Les prépositions qui ne régissent qu'un cas, n'expriment qu'un seul genre de rapports. Les prépositions qui régissent plusieurs cas expriment plusieurs genres de rapports, selon le cas dont elles sont suivies.

PRÉPOSITIONS A UN SEUL CAS.

§ 255.

Génitif.

Anstatt *ou* statt, au lieu de.
Diesseits, en-deçà de.
Halb, vers (*usité seulement en composition*).
Halben,
Halber, } par rapport à, pour (*après leur régime*).

Außerhalb, au dehors de.
Hinterhalb, vers le derrière de.
Innerhalb, dans l'intérieur de.
Oberhalb, vers le haut de.
Unterhalb, vers le bas de.
Jenseits, au-delà de.
Kraft, en vertu de.
Laut, conformément à.
Mittelst, au moyen de.
Trotz, en dépit de.
Vermittelst, moyennant.
Vermöge, en vertu de.
Um — willen, pour l'amour de.
Unfern, voyez unweit.
Ungeachtet, malgré.
Unweit, non loin de.
Während, durant.
Wegen, à cause de.

On peut y joindre quelques autres prépositions vieillies, mais encore usitées en style de chancellerie, comme

unangesehen, nonobstant;
ungehindert, sans obstacle, etc.

Remarque. La plupart de ces prépositions étant de véritables substantifs ou du moins dérivées de substantifs, on conçoit facilement pourquoi elles régissent le génitif.

§ 256.

Datif.

Aus, hors de (*ex*).
Außer, en dehors de, hormis, outre.

Bey, auprès de.

Binnen, dans l'espace de.

Entgegen, contre, à la rencontre de *(se place toujours après son régime)*.

Gegenüber, vis-à-vis de *(le régime précède ou se place entre gegen et über)*.

Mit, avec.

Nach, après, selon.

Zuwider, contre, malgré.

§ 257.
Accusatif.

Durch, par, à travers.

Für, pour.

Gegen, vers, envers, contre.

Ohne, sans.

Um, autour de, pour.

Wider, contre.

PRÉPOSITIONS A DEUX CAS.

§ 258.
Génitif et datif.

Längs, le long de *(gouverne plus souvent le datif)*.

Zufolge, par suite, en vertu de *(cette préposition gouverne le génitif lorsqu'elle précède le substantif, et le datif, lorsqu'elle le suit)*.

§ 259.
Datif et accusatif.

Les prépositions suivantes gouvernent l'accusatif, lorsqu'il y a mouvement vers un lieu ou vers un objet, et le datif, dans le cas contraire :

An, à, près de.
Auf, sur.
Hinter, derrière.
In, dans (*in* des Latins).
Neben, à côté de.
Vor, avant, devant.
Unter, sous, au-dessous de, entre, parmi.
Über, sur, au-dessus de.
Zwischen, entre.

II. EMPLOI DES PRÉPOSITIONS.

§ 260.

Lorsque plusieurs substantifs, liés entre eux par les conjonctions und et oder ou construits sans conjonction, dépendent de la même préposition, on peut la répéter devant chaque substantif ou ne l'exprimer que devant le premier. *Ex.* :

Durch List und Verrätherey, par ruse et (par) trahison.

Mais lorsque ces substantifs sont joints par d'autres conjonctions, telles que entweder—oder, *ou—ou*; weder—noch, *ni—ni*, la préposition doit être répétée. *Ex.* :

Weder durch List noch durch Gewalt, ni par (la) ruse, ni par (la) force.

Observation. Il est impossible d'indiquer dans une grammaire les emplois très variés des prépositions, dans leurs rapports avec les substantifs, les adjectifs et les verbes. Nous avons cherché plus haut (§ 90, 91) à préciser leur signification, c'est-à-dire, les divers rapports qu'elles expriment, et c'est de cette signification que dépend leur emploi. Toutefois nous entrerons dans quelques détails sur l'usage des plus importantes, en adoptant l'ordre alphabétique pour faciliter les recherches.

§ 261.

An, à, près de, auprès de, tout contre; *datif et accus.*

I. *Avec le datif.*

Mangel an Geld, besoin d'argent.

Reich an Verstand, an Tugenden, und arm an Geld, riche d'esprit, de vertus, et pauvre d'argent.

Es liegt an mir, cela dépend de moi.

Die Reihe ist an mir, le tour est à moi; c'est à mon tour.

Er rächt sich an mir, il se venge de moi.

Er hat an mir schlecht gehandelt, il en a mal agi avec moi.

Sich an einem nicht satt sehen können, ne pouvoir se rassasier de voir quelqu'un.

Kein Recht an jemand haben, n'avoir point de droit sur quelqu'un.

Spiegele dich an mir, prends exemple sur moi.

Er versündiget sich an ihm, il pèche contre lui, il l'offense.

Man zweifelt an seiner Genesung, on doute de sa guérison.

An dir habe ich einen Freund, j'ai un ami en toi.

Er ist am Fieber krank, il est malade de la fièvre.

Er stirbt an dieser Krankheit, il meurt de cette maladie.

Er leidet am Kopfe, il a mal à la tête.

Es ist nichts an der Nachricht, c'est une fausse nouvelle.

Am besten, am schlimmsten, le mieux; le pis.

Frankfurt am Main, Francfort-sur-le-Main.

Sein Landhaus liegt an dem Wege von Paris nach Versailles, sa maison de campagne est sur la route de Paris à Versailles.

II. *Avec l'accusatif.*

Er pocht an die Thüre, il frappe à la porte.
Den Topf an das Feuer setzen, mettre le pot au feu.
Ich werde mich an Sie halten, je m'en tiendrai à vous.
Sich an einen nicht kehren, ne pas se soucier de quelqu'un.
Ich dachte eben an dich, je pensais tout-à-l'heure à toi.
Der Brief ist an dich, cette lettre est à ton adresse.
Ich habe an dich geschrieben, je t'ai écrit.
Sich an etwas gewöhnen, s'habituer à quelque chose.
An jemand glauben, croire quelqu'un.
Erinnern Sie sich an Ihr Versprechen, souvenez-vous de votre promesse.

§ 262.

Anstatt, an—Statt, statt, au lieu de, en place de; *génitif.*

Anstatt, composé de an-, et du substantif Statt, *lieu*, se décompose quelquefois; mais alors le régime se place entre les deux mots, et le dernier est considéré comme substantif.

Statt *ou* anstatt des Fürsten, *ou* an des Fürsten Statt, à la place du prince.
Statt *ou* anstatt meiner, *ou* an meiner Statt, à ma place.
An Kinder Statt annehmen, adopter.

§ 263.

Auf, sur; *datif et accusatif.*

I. *Avec le datif.*

Das beruht auf mir, cela dépend de moi (*m. à m.* repose sur moi).

Er ist auf meiner Seite, il est de mon côté.
Auf frischer That, sur le fait, en flagrant délit.
Auf freyem Felde, en plein champ.
Auf der Straße ist Lärm, il y a du bruit dans la rue.
Auf dem Wege, auf der Reise seyn, être en chemin, en voyage.
Das heißt auf Deutsch...., cela s'appelle en allemand.....
Es ist drey Viertel auf sechs Uhr, il est cinq heures trois quarts; *m. à m.* il est trois quarts sur six (à) l'horloge.
Sich auf Gnade und Ungnade ergeben, se rendre à discrétion.
Auf der Jagd seyn, être à la chasse.
Auf den Händen tragen, porter à la main.
Auf seiner Meinung bestehen, persister dans son opinion.
Auf seinem Kopfe bestehen, s'opiniâtrer, s'obstiner.

II. *Avec l'accusatif.*

Es kommt auf Sie an, cela dépend de vous.
Sich auf den Weg machen, se mettre en chemin.
Das Haus geht auf die Straße, la maison donne sur la rue.
Es hat nichts auf sich; qu'importe? cela ne fait rien (*m. à m.* cela n'a rien sur soi).
Ich komme auf den Gedanken, il me vient à la pensée.
Sein Geld auf Zinsen geben, placer son argent à intérêts.
Es kommt auf Jeden so viel, cela revient à tant par tête.
Es gehet auf vier Uhr, il est bientôt quatre heures.
Auf einmal, tout d'une fois.
Er hält viel auf mich, il fait grand cas de moi.
Auf etwas Acht geben, faire attention à quelque chose.
Er folgt auf mich, il me suit.
Er ist böse auf mich, il est fâché contre moi.
Ich hoffe auf dich, j'espère en toi.

Ich lege mich auf die Wissenschaften, je me livre aux sciences.

Auf diese Art, de cette manière.

Auf alle Fälle, dans tous les cas.

Auf ein Haar (*pour un cheveu*), pour un peu, pour la moindre chose.

Auf die Welt kommen, bringen, venir, mettre au monde.

Auf den Tod verwunden, — krank seyn, blesser —, être malade à mort.

Auf die Stunde, à l'heure.

Auf kurze Zeit, pour peu de temps.

Auf die nächste Woche, pour la semaine prochaine.

Auf Wiedersehen, à revoir.

Auf's längste, au plus long, au plus tard.

Auf immer, pour toujours.

Auf meine Gefahr, à mes risques.

Vier und zwanzig Groschen gehen auf einen Thaler, vingt-quatre gros font un écu (*m. à m.* vont sur un écu).

§ 264.

Aus, de, hors de, (*ex* des Latins); *datif*.

Aus dem Fenster werfen, jeter par la fenêtre.

Aus dem Glase trinken, boire dans le verre.

Aus einer Hand in die andere, d'une main dans l'autre, de main en main.

Aus den Trauben macht man Wein, on fait du vin avec les raisins.

Aus langer Erfahrung, par suite d'une longue expérience.

Ich bin aus Berlin, je suis de Berlin.

Ich erkenne aus dem was Sie sagen, daß... je reconnais par ce que vous dites que...

Aus guter Absicht, à bonne intention.
Aus Liebe für ihn *ou* zu ihm, par amour pour lui.
Aus Mangel an Gelegenheit, faute d'occasion.
Was wird aus mir werden? que deviendrai-je?
Aus allen Kräften, de toutes ses forces.
Aus eigenem Antrieb, de son propre mouvement.
Aus Spaße, par plaisanterie.
Aus der Mode kommen, passer de mode.
Aus dem Deutschen ins Französische übersetzen, traduire de l'allemand en français.

§ 265.

Außer, hors de (*quand il n'y a pas changement de lieu*); outre; *datif*.

Er wohnt außer der Stadt, il demeure hors de la ville.
Er speiset außer dem Hause, il dîne hors de la maison.
Er ist außer sich, il est hors de lui.
Ich habe keinen Freund, außer Ihnen, je n'ai d'ami que vous.
Außer dem, hormis cela, outre cela.

§ 266.

Bey, auprès de, près de, chez, lors de (*apud* des Latins); *datif*.

Bey einem wohnen, seyn, loger, être chez quelqu'un.
Bey den Römern, chez les Romains.
Bey dem Feuer sitzen, être assis auprès du feu.
Er steht sehr gut bey dem König, il est fort bien auprès du roi.
Bey Hofe leben, vivre à la cour.

Bey der Hand nehmen, prendre par la main.
Bey guter Gesundheit seyn, être en bonne santé.
Noch bey Kräften seyn, être encore vigoureux.
Er ist nicht bey sich, il a perdu connaissance, il n'est pas dans son bon sens.
Bey hellem Tage, en plein jour.
Bey erster Gelegenheit, à la première occasion.
Bey Lichte arbeiten, travailler à la chandelle.
Beym Spiele, au jeu.
Bey dem Herausgehen aus der Kirche, au sortir de l'église.
Dieses steht bey Ihnen, cela dépend de vous.
Ich bin nicht bey Geld, je ne suis pas en fonds.
Ich habe kein Geld bey mir, je n'ai pas d'argent sur moi.
Bey seiner Ehre schwören, jurer sur son honneur.
Sich bey etwas aufhalten, s'amuser à quelque chose.
Bey diesen Worten weinte er, en disant ces mots, il pleurait.
Bey Lebensstrafe, sous peine de la vie.
Bey einem Haar, peu s'en faut (*mot à mot*, près d'un cheveu).
Bey weitem nicht, il s'en faut de beaucoup.

§ 267.

Durch (*per* des Latins), *accusatif*; par, au moyen de, à travers; *placé après son régime* pendant; *dans ce dernier sens on dit aussi* hindurch.

Ein Stoß durch den Leib, un coup au travers du corps.
Durch die Nase reden, parler du nez.
Durch ihn ist er reich geworden, c'est par lui qu'il est devenu riche.

Durch den Strom schwimmen, traverser le torrent à la nage.

Die ganze Zeit hindurch, pendant tout le temps.

§ 268.

Für, pour; accusatif.

Ich habe dieses Buch für sechs Thaler gekauft, j'ai acheté ce livre six écus.

Für dieses Geld will ich mir Bücher kaufen, de cet argent je m'achèterai des livres.

Für baares Geld kaufen, acheter argent comptant.

Stück für Stück, pièce par pièce.

Fuß für Fuß, pied contre pied.

Schritt für Schritt, pas à pas.

Tag für Tag, de jour en jour, tous les jours.

Einen Thaler für den Mann, un écu par tête.

Sie sorgt für alles, elle pourvoit à tout.

Für Bezahlung annehmen, recevoir en paiement.

§ 269.

Gegen, vers, envers, contre, en comparaison de, environ; accusatif.

Von Morgen gegen Abend, de l'orient à l'occident.

Gegen vier Uhr, vers quatre heures.

Mildthätig gegen die Armen, charitable envers les pauvres.

Gegen baare Bezahlung, au comptant (*m. à m.* contre un paiement comptant).

Ich wette zehn gegen eins, je gage dix contre un.

Ihr Übel ist nichts gegen das seinige, votre mal n'est rien auprès, en comparaison du sien.

Es sind gegen zwey Stunden, il y a environ deux heures.

Nota. Gen, contraction de gegen, est surtout usité dans cette formule : gen Himmel, *vers le ciel ;* et en termes de marine. *Ex.* :

Der Wind ist Süd gen Ost, le vent est du sud-est.

§ 270.

Halben *ou* halber, à cause de ; *génitif.*

(On se sert de halben, quand le substantif est précédé de l'article ou d'un adjectif démonstratif ou pronominal ; et de halber, quand le substantif s'emploie sans article).

Der Armuth halben, à cause de la pauvreté.
Dieser Ursache halben, pour cette raison.
Alters halber, à cause de l'âge.

Quand le régime de la préposition halben est un pronom personnel, on change l'r du génitif de ce pronom en un t, en réunissant halben et le pronom personnel en un seul mot. *Ex.*

Meinethalben, à cause de moi ; je le veux bien.
Deinethalben, à cause de toi.
Seinethalben, à cause de lui.
Ihrethalben, à cause d'elle.

Unser et euer conservent l'r, qu'ils font suivre d'un t.

Unserthalben, à cause de nous.
Euerthalben, à cause de vous.

§ 271.

Hinter, derrière; *dat. et accus.*

I. *Avec le datif.*

Hinter dem Berge halten, cacher son jeu, dissimuler ses desseins (*mot à mot*, tenir derrière la montagne).
Er lacht hinter meinem Rücken, il rit derrière mon dos; il rit sous cape.

II. *Avec l'accusatif.*

Jemand hinter das Licht führen, tromper quelqu'un (*m. à m.* conduire quelqu'un derrière la lumière).
Hinter die Wahrheit kommen, découvrir la vérité.

§ 272.

In, dans, en (*in* des Latins); *dat. et accus.*

I. *Avec le datif.*

Im Begriffe seyn, être sur le point.
Mitten im Lande, au milieu du pays.
In der Karte spielen, jouer aux cartes.
In einem Athem, tout d'une haleine.
In der Schule seyn, être à l'école.
Das steht mir im Wege, cela m'empêche; *mot à mot*, cela est placé à moi dans le chemin.
Im Bette liegen, être couché, être au lit.
Einen im Stiche lassen, abandonner quelqu'un; *mot à mot*, laisser quelqu'un dans le coup.
Im Ernste, sérieusement.
Im Scherze, en plaisantant.

So geht es in der Welt, ainsi va le monde; *mot à mot*, cela va ainsi dans le monde.

In Verzweiflung seyn, être au désespoir.

Wo gehen Sie in diesem Regen? où allez-vous par cette pluie?

II. *Avec l'accusatif.*

Ins Verderben rennen, courir à sa perte.

Sich in den Finger schneiden, se blesser au doigt.

In die Heirath willigen, consentir au mariage.

Das fällt in die Augen, cela saute aux yeux.

In die Sinne fallen, tomber sous les sens.

Ins Ohr sagen, dire à l'oreille.

Ins Gesicht sagen, dire en face, au nez.

Diese Farbe fällt ins Braune, cette couleur tire sur le brun.

Sie flicht Blumen in den Kranz, elle fait une couronne de fleurs; *mot à mot*, elle tresse des fleurs en couronne (dans la couronne).

In die Länge, à la longue.

In einen dringen, presser quelqu'un.

In die Flucht schlagen, mettre en fuite.

Sich in eine Sache mengen, se mêler de quelque chose..

§ 273.

Mit, avec (*cum* des Latins); *datif*.

Mit Lebensgefahr, au péril de la vie.

Mit genauer Noth, à grande peine.

Mit baarem Geld bezahlen, payer argent comptant.

Der Mann mit der großen Nase, l'homme au grand nez.

Ein Halstuch mit Spitzen, une cravatte à dentelles.
Mit trockenem Fuße, à pied sec.
Mit vollen Segeln, à pleines voiles.
Mit Füßen treten, fouler aux pieds.
Mit Schaden verkaufen, vendre à perte.
Mit seinem eigenen Schaden lernen, apprendre à ses dépens.
Er ist mit seinem Bruder nicht zu vergleichen, il n'est pas comparable à son frère.
Einen mit Fingern weisen, montrer quelqu'un au doigt.
Mit etwas beschäftigt seyn, s'occuper de quelque chose.
Mit dem Degen in der Hand angreifen, attaquer l'épée à la main.
Mit weinenden Augen, les larmes aux yeux; *m. à m.* avec des yeux pleurans.
Mit dem Glase in der Hand, le verre en main.
Es ist aus mit ihm, il est ruiné, il est mort; *m. à m.* c'est hors (c'est fini) avec lui.
Es steht schlecht mit ihm, ses affaires vont mal.
Mit einem Wort, en un mot.
Mit gutem Gewissen, en conscience, en bonne conscience.
Mit der Post, par la poste.
Mit Gewalt, de force.
Sich mit seinem Alter entschuldigen, s'excuser avec son âge.
Mit Stillschweigen übergehen, passer sous silence.
Die Zeit mit Spielen vertreiben, passer le temps à jouer.
Dieses Wort fängt mit einem Selbstlauter an, ce mot commence par une voyelle.
Mit Schulden beladen seyn, être chargé de dettes.
Böses mit Gutem vergelten, faire le bien pour le mal.

§ 274.

Nach, d'après, selon, suivant, vers; *datif*.

Nach der Hand, après coup; *m. à m.* après la main.
Im Jahre... nach Erschaffung der Welt, l'an... de la création du monde.
Sich nach der Mode kleiden, s'habiller à la mode.
Nach dem Takte tanzen, danser en mesure.
Nach der Natur, nach dem Leben malen, peindre d'après nature.
Von den Leuten nach dem Ansehen urtheilen, juger les gens sur la mine.
Nach alphabetischer Ordnung, par ordre alphabétique.
Nach meiner Meinung, selon mon sentiment (*on peut dire aussi, mais moins bien,* meiner Meinung nach).
Nach Belieben, à volonté.
Nach der Diät leben, vivre de régime.
Nach Hause schreiben, écrire à sa famille.
Nach Hause gehen, aller à la maison.
Nach dem Ringe rennen, courir la bague.
Da ist ein Päckchen nach München, voilà un paquet pour Munich.
Der Weg nach der Stadt, le chemin de la ville.
Diese Butter schmeckt nach Saffran, ce beurre a le goût du safran.
Nach der Elle verkaufen, vendre à l'aune.

Nächst, tout proche de, tout près de; *datif*.

Nächst der Stadt, tout près de la ville.
Nächst Ihnen, liebe ich Ihren Bruder am meisten, après vous, c'est votre frère que j'aime le plus.

§ 275.

Neben, à côté de; *datif et accusatif.*

I. *Datif.*

Er saß neben ihm, il était assis à côté de lui.
Neben einem andern dienen, servir avec un autre.
Neben andern Dingen, entre autres choses.
Eins kann wohl neben dem Andern bestehen, ces deux choses peuvent bien subsister ensemble; *m. à m.* l'une (de ces choses) peut bien subsister à côté de l'autre.
Neben dem, sollst du noch ein Geschenk bekommen; outre cela, tu recevras encore un présent.

II. *Accusatif.*

Er hat neben das Ziel geschossen, il a tiré à côté du but.
Er setzte sich neben mich, il s'assit à côté de moi.

§ 276.

Nebst, avec, outre; *datif.*

Er, nebst seiner Schwester, lui et sa sœur.
Nebst einer schönen Leibesgestalt, besitzt sie auch alle Annehmlichkeiten des Geistes, elle joint aux charmes du corps tous les charmes de l'esprit; *mot à mot*, outre une belle taille, elle possède aussi tous les agrémens de l'esprit.

§ 277.

Ohne, sans; *accusatif.*

Ohne sein Wissen, sans qu'il le sache.
Ohne Zweifel, sans doute.

On disait autrefois Zweifels ohne, mais cette tournure a vieilli et doit être regardée comme une exception, puisque c'est la seule où l'on rencontre ohne suivant son régime au génitif, tandis que ce régime est toujours à l'accusatif et suit immédiatement la préposition. Il ne faut donc pas dire non plus : ohne dem, mais bien, ohne dieß, *sans cela*.

Ohne se met aussi devant les infinitifs; alors il est toujours suivi de zu. *Ex.* :

Zehn Personen, ohne die Kinder zu rechnen, dix personnes, sans compter les enfans.

Ohne s'emploie encore avec daß. *Ex.* :

Ich habe es gethan, ohne daß man es mir geheißen hat; je l'ai fait; sans qu'on me l'ait dit.

§ 278.

Seit, depuis; *datif.*

Ich habe ihn, seit seiner Zurückkunft, nicht gesehen, je ne l'ai point vu depuis son retour.
Seit der Regierung Friedrichs des Großen, dès le règne de Frédéric-le-Grand.
Er ist seit zwey Jahren todt, il y a deux ans qu'il est mort.
Ich bin fast seit einer Stunde hier, il y a près d'une heure que je suis ici.
Seit kurzem, depuis peu.
Seitdem ich ihn nicht mehr sehe, depuis que je ne le vois plus.
Seitdem, depuis cela.

§ 279.

Sondern (*syn. de* ohne), sans; *accusatif.*

Cette préposition n'est plus employée que par les poètes et dans ces phrases :

Sondern Gleichen, sans pareil.
Sondern Zweifel, sans doute.

Encore dit-on mieux : ohne Gleichen; ohne Zweifel.

§ 280.

Über, sur, au-dessus de, au-delà de; *dat. et acc.*

I. *Datif.*

Er war über einer Arbeit, il était occupé à un travail.
Über dem Lesen einschlafen, s'endormir en lisant.
Über Tische, à table.
Über unserm Plaudern vergeht die Zeit, pendant que nous causons ensemble, le temps se passe.
Die Zeit über einer Sache verlieren, perdre le temps à quelque chose.
Über einer Sache etwas vergessen, oublier une chose en s'occupant d'une autre.
Über dem Lärmen erwachen, être réveillé par le bruit.
Ich sah diesen Vogel über dem Kirchthurme, je vis cet oiseau au-dessus du clocher.
Das Dorf liegt über dem Flusse, ce village est situé au-delà de la rivière.
Drey Meilen über Paris, trois lieues au-delà de Paris.

II. *Accusatif.*

Über eine Brücke gehen, passer sur un pont.

Über den Fluß setzen, traverser la rivière.

Die Reise über das Meer, le voyage d'outre-mer.

Über Dresden nach Leipzig reisen, aller à Leipzig par Dresde.

Wenn Sie dieses über Ihr Herz bringen können, si vous pouvez gagner cela sur vous.

Über einen siegen — lachen, triompher, rire de quelqu'un.

Die Ehre geht über den Reichthum, l'honneur vaut mieux que la richesse.

Sich über etwas freuen — betrüben — verwundern, se réjouir, s'affliger, s'étonner de quelque chose.

Über einige Zeit, pendant quelque temps.

Heute über acht Tage, d'aujourd'hui en huit.

Über sechs Wochen, werde ich von hier abreisen; dans six semaines, je partirai d'ici.

Er ist mir über zwey hundert Thaler schuldig, il me doit plus de deux cents écus.

Es ist über ein halbes Jahr, il y a plus de six mois.

Er hat dreißig Thaler über die Summe bekommen, die man ihm schuldig war; il a reçu trente écus de plus que la somme qu'on lui devait.

Übers Jahr kommt er wieder, dans un an, il reviendra.

Über Hals und Kopf, en toute hâte; *mot à mot*, au-dessus de corps et de tête.

Ich lasse ihn über alles gehen, je mets tout entre ses mains.

Es geht über dich her, on jette des pierres dans ton jardin; *mot à mot*, on va sur toi.

Wenn ich über dich komme! si je t'attrape!

Über peut se placer après son régime à l'accusatif, lorsqu'il signifie *durant*, *pendant* :

Den Sommer über, pendant l'été.
Den Tag über, pendant le jour.

§ 281.

Um, autour de, pour; *accusatif.*

Um Rath fragen, demander conseil.
Ich bitte Sie um Verzeihung, je vous demande pardon.
Er hat mich um einen Thaler betrogen, il m'a trompé d'un écu.
Bekümmern Sie sich nicht um mich, ne vous inquiétez pas de moi.
Er hat sich um vier Gulden geirrt, il s'est trompé de quatre florins.
Einem um den Hals fallen, se jeter au cou de quelqu'un.
Ich sehe ihn gern um mich, j'aime à le voir auprès de moi; *mot à mot*, autour de moi.
Um wie viel Uhr? à quelle heure?
Um fünf Uhr, à cinq heures.
Um Mitternacht, à minuit.
Um die Zeit der Ernte, au temps de la moisson.
Um den dritten Tag, vers le troisième jour.
Um Geld arbeiten, travailler pour de l'argent.
Um Geld spielen, jouer de l'argent.
Um Rache schreyen, crier vengeance.
Um etwas wetten, parier quelque chose.
Um ein Amt anhalten, solliciter un emploi.
Um den Vorzug streiten, disputer le rang.
Sie thut sehr um ihre Tochter, elle regrette beaucoup sa fille.
Einen um etwas bitten, prier quelqu'un de quelque chose.

Es ist mir nur um meinen Freunde zu thun, je ne suis en peine que de mon ami.

Es ist eine schöne Sache um die Wahrheit, c'est une belle chose que la vérité.

Er hat sich wohl um ihn verdient gemacht, il a bien mérité de lui.

Es ist um mein Leben zu thun, il y va de ma vie.

Um die Wette, à l'envi.

Um se met aussi devant les infinitifs, et alors il est suivi de zu.

Um Ihnen zu beweisen, pour vous prouver.

Er hat alles angewandt, um Sie von dieser Wahrheit zu überzeugen; il a tout fait pour vous convaincre de cette vérité.

§ 282.

Um — willen, pour l'amour de, à cause de; *génitif.*

(*Le régime se place entre* um *et* willen.)

Um des Himmels willen, pour l'amour du ciel (de Dieu).

Um unserer alten Freundschaft willen, à cause de notre ancienne amitié.

Die Tugend ist schätzbar um ihrer selbst willen, la vertu est estimable par elle-même.

Lorsque um — willen a pour régime un des pronoms personnels meiner, deiner, seiner, ihrer, on réunit le pronom et willen en un seul mot, et l'on change l'r final du pronom en t, changement dont on a déjà parlé au sujet de halben (§ 270). *Ex.:*

Um meinetwillen, pour l'amour de moi.

Dans les pronoms unſer et euer, on ne retranche pas
l'r, mais on y ajoute un t. *Ex.* :

Um unſertwillen, pour l'amour de nous.

Cette addition du t a lieu aussi dans les formules conjonctives um derentwillen, um deſſentwillen, *à cause de
cela.*

§ 283.

Ungeachtet, malgré; *génitif.*

(*Cette préposition se met avant ou après son régime.*)

Ungeachtet der Heiligkeit des Ortes, malgré la sainteté
 du lieu.
Er iſt, der rauhen Witterung ungeachtet, abgereiſet, il est
 parti, malgré la rigueur du temps.
Alles deſſen ungeachtet, malgré tout cela.

§ 284.

Unter, sous, dessous, au dessous de, de dessous, entre,
 parmi ; *datif et accusatif.*

I. *Datif.*

Unter freyem Himmel liegen *ou* ſchlafen, coucher à la belle
 étoile.
Er iſt ihm unter dem Arme weggegangen, il lui a passé
 par dessous le bras, il lui a échappé.
Unter einem wohnen, être logé au-dessous de quelqu'un.
Sie werden es unter zehn Thalern nicht bekommen, vous
 ne l'aurez pas à moins de dix écus.
Man hat dieſes unter dem Tiſche hervorgezogen, on a tiré
 cela de dessous la table.

Was für ein Unterschied ist doch unter den Menschen! quelle différence il y a d'homme à homme; *m. à m.* entre les hommes!

Unter Lösung der Stücke, au bruit du canon.

Unter der Zeit, pendant ce temps.

II. *Accusatif.*

Unter Segel gehen, mettre sous voile, être sous voile.

Ich habe es ihm unter die Augen gesagt, je le lui ai dit en face.

Einem etwas unter die Nase reiben, jeter quelque chose au nez de quelqu'un; *mot à mot*, frotter quelque chose sous le nez à quelqu'un.

Wasser unter den Wein thun, mettre de l'eau dans le vin.

Das gehört unter die Übel, cela doit être rangé parmi les maux.

Dans Unterdessen, *en attendant*, et unter Weges, *chemin faisant*, qui s'écrit ordinairement unterweges et s'emploie comme adverbe, unter gouverne le génitif. Cependant on dit plus correctement indessen et auf dem Wege.

§ 285.

Von, de, de chez, depuis, sur, par (*a* ou *ab* des Lat.)
Datif.

Ein Mann von berühmtem Ursprunge, un homme d'une origine célèbre.

Die Aeneis ist ein Gedicht von zwölf Gesängen, l'Enéide est un poëme en douze chants.

Ein Brod von zwey Pfund, un pain de deux livres.

Ein Ring von Gold, une bague d'or.

Eine Frau von Verstand, une femme d'esprit.
Von ganzem Herzen, de tout cœur.
Keinen Laut von sich geben, ne pas proférer un mot.
Er war drey Schritte von mir, il était à trois pas de moi.
Einen Brief von dem Bruder empfangen, recevoir une lettre du frère.
Diese Neuigkeit habe ich von meinem Sohne erfahren, j'ai appris cette nouvelle de mon fils.
Etwas vom Tische wegnehmen, ôter quelque chose de dessus la table.
Er kommt von Augsburg, il vient d'Augsbourg.
Von einem kommen, venir de chez quelqu'un.
Von einem Tage zum andern, d'un jour à l'autre.
Vom Morgen bis zum Abend, depuis le matin jusqu'au soir.
Von dem Nutzen einer Sache reden, discourir sur l'utilité de quelque chose.
Ich werde von ihm geliebt, je suis aimé de lui.
Dieses Buch ist von Schiller geschrieben worden, ce livre a été composé par Schiller.

Von se place aussi devant quelques adverbes :

Von hier, d'ici.
Von dort, de là.
Von aussen, par dehors.
Von draussen, de dehors.
Von innen, du dedans.
Von oben, d'en haut.
Von unten, d'en bas.
Von da bis hierher, de là jusqu'ici.
Von ungefähr, par hasard.

Von — an se rend en français par *dès*.

Von meiner Jugend an, dès ma jeunesse.
Von heute an, dès aujourd'hui.

Au lieu de von — an, on emploie dans quelques phrases von — auf.

Von Kindheit auf, dès l'enfance.
Von unten auf dienen, passer par les emplois (à commencer par en bas.

Von — aus, *à partir de*, se rend par *de*.

Von Grund aus, de fond en comble.
Er hat von Wien aus geschrieben, il a écrit de Vienne.

Dans cette phrase : von Alters her, *de toute antiquité*, von gouverne le génitif.

§ 286.

Vor, avant (*coram* ou *ante* des Latins), de (*marquant la cause efficiente*); datif et accusatif.

I. *Datif.*

Den Hut vor einem abnehmen, ôter son chapeau à quelqu'un.
Dieses ist vor meinen Augen geschehen, cela s'est passé sous mes yeux.
Vor Anker liegen, être à l'ancre.
Sich vor einem verstecken, verbergen, se cacher à (devant) quelqu'un.
Sich vor seinem eigenen Schatten fürchten, avoir peur de son ombre.
Sich vor etwas hüten, se garder de quelque chose.
Vor einer Sache erschrecken, zittern, erstaunen, s'effrayer, trembler, être surpris de quelque chose.

Wir sind hier vor dem Regen sicher, nous sommes ici à l'abri de la pluie.

Ein Schutz vor der Kälte, un abri contre le froid.

Vor der Zeit, avant le temps.

Vor acht Tagen, il y a huit jours.

Vor der Stadt wohnen, demeurer hors de la ville.

Er hat den Preis vor allen seinen Mitwerbern erhalten, il a remporté le prix sur (*mot à mot*, avant) tous ses concurrens.

Er ist vor Hunger gestorben, il est mort de faim.

Vor Freude weinen, pleurer de joie.

II. *Accusatif.*

Die Pferde vor die Kutsche spannen, atteler les chevaux au carrosse.

Einem etwas vor die Füße werfen, jeter quelque chose aux pieds de quelqu'un.

Einen vor Gericht fordern, citer quelqu'un en justice.

Einen vor die Klinge fordern, appeler quelqu'un en duel.

Etwas vor die Hand nehmen, mettre la main à quelque chose.

Einem etwas vor die Augen legen, mettre quelque chose sous les yeux de quelqu'un.

Diese Sache geht vor sich, cette chose avance.

Ich kann nichts vor mich bringen, je ne puis réussir à rien.

§ 287.

Wegen, à cause de; *génitif.*

(*Cette préposition précède ou suit son régime.*)

Wegen seines Alters *ou* seines Alters wegen, à cause de son âge.

Man thut vieles der Kinder wegen, on fait bien des choses pour l'amour des enfans.

Wegen suit toujours son régime avec lequel il ne forme plus qu'un seul mot, lorsque ce régime est un pronom personnel, et dans ce cas, comme nous l'avons déjà vu pour halben (§ 270) et pour willen (§ 282), l'r du génitif de ce pronom se change en t. Dans unser et euer on ne retranche pas l'r mais on y ajoute un t.

  Meinetwegen, à cause de moi.
  Seinetwegen, à cause de lui.
  Unsertwegen, à cause de nous.
  Euertwegen, à cause de vous.

L'addition du t se retrouve encore dans les expressions conjonctives : derentwegen, dessentwegen, à cause de cela.

Meinetwegen peut s'employer comme interjection et signifie dans ce cas : *j'y consens, cela m'est indifférent.* *Voy.* meinethalben, § 270.

§ 288.

Zu, de, à, dans, en, du, au, chez, auprès, vers, pour, sur. *Datif.*

Die Liebe zum Ruhm, l'amour de la gloire.
Zu einem hintreten, s'approcher de quelqu'un.
Das Maß zu einem Kleide nehmen, prendre la mesure d'un habit.
Zu Paris, à Paris.
Zu Hause seyn, être à la maison, au logis.
Zu Bette gehen, aller au lit.
Zu Fuße, à pied.
Zu Pferd, à cheval.

Der Gesellschaft zu Ehren, à l'honneur de la compagnie.
Zu derselben Zeit, en ce temps-là.
Vertrauen zu Jemanden haben, avoir confiance en quelqu'un.
Zu unserer Väter Zeiten, du temps de nos pères.
Zu der Zeit, worin wir leben, au temps où nous vivons.
Kommen Sie zu mir, venez à *ou* chez moi.
Sich zu einem setzen, s'asseoir auprès de quelqu'un.
Wenden Sie sich zu mir, tournez-vous vers moi.
Tuch zu einem Kleide, du drap pour un habit.
Zu Papiere bringen, coucher sur le papier.
Ein Recht zu einer Sache haben, avoir droit sur une chose.
Zum Glücke, par bonheur.
Zum Beyspiele, par exemple.
Zu Lande, par terre.
Zu Wasser, par mer.
Einen zum Könige krönen, couronner quelqu'un roi.
Zum Gefangenen machen, faire prisonnier.
Einem zu Willen seyn, s'accommoder à la volonté de quelqu'un.
Thun Sie mir dieses zu Liebe, faites cela pour l'amour de moi.

Zu se joint aussi aux infinitifs avec le sens de *à*, *de*, *pour*.

Er hatte angefangen seinen Brief zu schreiben, il avait commencé à écrire sa lettre.
Ich habe einen Besuch zu machen, j'ai une visite à faire.
Ihnen die Wahrheit zu sagen, pour vous dire le vrai.

§ 289.

Zuwider, contre; *datif.*

(*Cette préposition suit toujours son régime.*)

Der Verordnung zuwider, contre l'ordonnance.
Er ist mir immer zuwider gewesen, il m'a toujours été contraire.
Dieses ist den Augen zuwider, cela blesse la vue.
Diese Speise ist mir zuwider, ce mets me donné du dégoût.
Der Wein ist meinem Bruder zuwider, le vin répugne à mon frère.
Es wird Ihnen nicht zuwider seyn, wenn ich hier bleibe; il ne vous déplaira pas que je reste ici.

III. ELLIPSE DES PRÉPOSITIONS.

§ 290.

On trouve en allemand des génitifs et des accusatifs dont on ne peut se rendre compte, qu'en supposant l'ellipse d'une préposition, soit seule, soit suivie de son complément. Nous allons en donner quelques exemples.

§ 291.

Génitif.

Ces génitifs, pour l'emploi desquels il faut supposer une ellipse, et qui paraissent souvent absolus, sont surtout usités pour les noms de temps, de lieu, pour le superlatif absolu des adverbes et dans quelques autres locutions que l'usage apprendra. *Ex.* :

Morgens, le matin (νυκτός. B. § 160) ;
Montags, lundi ;
höchstens, tout au plus ;
größten Theils, pour la plupart ;
ich bin Willens (je suis de l'intention), j'ai l'intention ;
meines Wissens (de mon savoir), autant que je sache ;
Innocentius der Achte, des Namens Cibo ; Innocent huit, dont le nom était Cibo (*nomine Cibo*).

§ 292.

Accusatif.

On met à l'accusatif les noms de mesure, de temps, de poids, de quantité. *Ex.* :

Er ist den Sonntag angekommen, il est arrivé dimanche ;
ich blieb einen Monat bey ihm, je restai un mois chez lui ;
er war funfzig Jahr alt, il avait cinquante ans ;
das Pfund kostet sechs Franken, la livre coûte six francs ;
er ist fünf Fuß groß, il a cinq pieds de haut.
(*Velum longum tres ulnas.* Lh.—Εἴκοσιν ἔτη γεγονώς. B. § 345).

Ces accusatifs sont gouvernés par les prépositions durch, hindurch, *pendant* ; um, *pour, autour*, que l'on trouve même souvent exprimées. *Ex.* :

Wir sind, einen ganzen Monat durch, bey ihm geblieben ;
nous sommes restés un mois entier chez lui ;
ich bin um einen Zoll größer, je suis plus grand d'un pouce.

CHAPITRE VIII.

DES CONJONCTIONS.

§ 293.

RÈGLES GÉNÉRALES.

I. Si la même conjonction régit plusieurs propositions consécutives, il suffit de l'exprimer devant la première, et on peut la sous-entendre devant les autres. *Ex.*:

Auch wenn die Welt unterginge, und die Berge sänken, fürchte ich nichts. (*Gellert.*)
Lors même que (*m. à m.* même si) le monde périrait, et que les monts crouleraient, je ne crains rien.

II. Les conjonctions sont suivies du subjonctif, toutes les fois que le sens de la phrase est incertain, douteux, vague ou conditionnel; sinon, elles sont suivies de l'indicatif.

Nota. Nous allons entrer dans quelques détails sur un certain nombre de conjonctions; mais nous ne parlerons que de celles dont l'emploi offre quelque chose de particulier ou qui se joignent à des adverbes ou à d'autres conjonctions, pour former des conjonctions composées. Ensuite nous indiquerons les conjonctions corrélatives qui se correspondent dans deux propositions consécutives.

I. CONJONCTIONS SIMPLES.

§ 294.

1° Als, que.

La conjonction als, *que*, sert à lier deux propositions comparatives. *Ex.* :

Er ist schöner als du, il est plus beau que toi ;
er ist so *ou* eben so schön als du, il est aussi beau (précisément aussi beau) que toi ;
er ist nicht so schön als du, il n'est pas aussi beau que toi.

Souvent l'adverbe comparatif so, *autant, aussi*, est sous-entendu. *Ex.* :

Als wenn er mich lieb(e)te (*pour so als wenn, etc.*), comme s'il m'aimait ;
als König, kann er das nicht thun (*suppléez pour l'intégrité de la phrase so als König, etc.*), comme roi, il ne peut pas faire cela.

Souvent aussi on sous-entend la conjonction als. *Exemple :*

So reich er auch ist (*pour so reich als er auch ist*), quelque riche qu'il soit (*m. à m.* aussi riche qu'il est).

Cette ellipse a surtout lieu avec l'adverbe ehe *ou* eher, *plutôt. Ex.* :

Solches geschieht. . . . .
Ehe (*pour ehe als*) von keimenden Farben die Wies' er= röthet. (*Voss.*)
Ceci se fait, avant que les fleurs nouvelles aient rougi les prés (*m. à m.* que la prairie rougisse de fleurs nouvelles).

On peut aussi répéter ehe ou eher dans la seconde proposition. *Ex.* :

Ehe sie sich in ihrer Andacht stören läßt, eher läßt sie Herrn Simon wieder fortreisen. (*Gellert.*)
Plutôt que de se laisser troubler dans sa dévotion, (plutôt) elle laissera partir M. Simon.

L'adverbe so, *aussi*, est souvent accompagné de wohl, *bien* ; et la conjonction als, de l'adverbe auch, *aussi. Ex.* :

So wohl ich, als auch mein Bruder, aussi bien moi que mon frère ;
so wohl dieser, als auch jener, aussi bien celui-ci que celui-là.

Als daß, *pour que* (*quam ut*), ne s'emploie qu'après l'adverbe zu, *trop. Ex.* :

Ich war zu gerührt, als daß ich reden könnte ; j'étais trop ému pour que je pusse parler (pour pouvoir parler).

§ 295.

2° Wie, *comme.*

La conjonction wie, *comme*, correspond à l'adverbe so, *aussi*, et remplace souvent als dans les comparaisons d'égalité. *Ex.* :

Wie das Leben, so der Tod (comme la vie ainsi la mort), telle la vie, telle la mort ;
gleich wie der hungrige Wolf, so... tel que le loup affamé, ainsi... (*m. à m.* semblablement comme le loup, etc.) ;
so wie er ist, tel qu'il est ;
ich bin eben so groß wie mein Bruder, je suis tout aussi grand que mon frère.

On voit, par ces exemples, que wie est tantôt dans le premier membre, et tantôt dans le second.

§ 296.

3° **Aber, allein, sondern,** mais, mais au contraire.

Les conjonctions aber, allein n'annoncent qu'une restriction, et répondent aux conjonctions françaises *mais, cependant.* Sondern marque une opposition beaucoup plus forte, et il faut que la proposition qui en dépend contredise celle qui précède. *Ex.:*

Er ist nicht reich, aber gelehrt; il n'est pas riche, mais il est instruit;

der Mensch ist nicht zum Faullenzen, sondern zum Arbeiten erschaffen; l'homme n'est pas né pour la paresse, mais pour le travail.

§ 297.

4° **Wenn,** si.

La conjonction wenn, *si*, peut quelquefois se supprimer en tête d'une proposition conditionnelle, lorsque cette proposition commence la phrase. *Ex.:*

Betrachten wir die Geschichte der griechischen Inseln, so finden wir, daß.... (*Herder.*)

Si nous considérons l'histoire des îles grecques, nous trouvons que....

§ 298.

5° **Ob,** si (*an*).

La conjonction ob répond au *si* français, en latin *an*, qui sert à lier entre elles deux propositions, dont la

dernière renferme une idée de doute ou d'incertitude.
Exemple :

Zweifelnd, ob er die Wahrheit sollte gestehen. (*Göthe.*)
Doutant, s'il devait avouer la vérité.

§ 299.
6° Daß, que.

Daß ne se rend pas toujours devant le subjonctif en allemand. (*Voy.* § 248.) *Ex.* :

Die Sage kam mir, du seyst nicht mehr. (*Klopstock.*)
On me disait (*m. à m.* le discours venait à moi) que tu n'étais plus.

II. CONJONCTIONS COMPOSÉES.

§ 300.

Les conjonctions daß, wenn, ob, se joignent souvent à d'autres mots pour former des conjonctions composées.

Ces conjonctions composées ne cessent pas d'être considérées comme deux mots bien distincts, et toutes celles qui sont formées de wenn ou d'ob peuvent se séparer par la construction.

I. Wenn, si (*si*).

Wenn nur, si seulement, pourvu que.
Wenn auch,
Wenn selbst, } quand même, quand bien-même.
Wenn gleich
Wenn schon } quoique, quand même.

2. Ob, si (*an*).

obgleich
obschon
obwohl
ob zwar
} quoique, bien que.

3. Daß, que.

Auf daß, afin que.
So daß, en sorte que.
Ohne daß, sans que.
Nicht daß, non que, etc.

III. CONJONCTIONS CORRÉLATIVES.

§ 301.

1. Entweder — oder, ou — ou.

Entweder s'emploie devant la première proposition ou devant le premier mot, et oder, devant la seconde proposition ou devant le second mot.

Quelquefois entweder se supprime, de même que le premier *ou* en français. *Ex.* :

Bleib oder geh, reste ou va-t'en.

§ 302.

2. Weder — noch, ni — ni.

Weder se place devant le premier membre ou devant le premier mot, et noch, devant les membres ou devant les mots suivans. *Ex.* :

Der Arme, welchen kein Tyrann beraubt, noch fürchtet, hat weder Anlaß, noch Muße, noch Muth für Freyheit. (*Müller.*)

Le pauvre, qu'aucun tyran ne dépouille ni ne craint,

n'a ni desir (motif), ni loisir, ni courage pour la liberté.

On supprime quelquefois weder. *Ex.*:

Eher nicht wandt' ich den Blick zur Verlorenen, noch die Besinnung, als... (*Voss.*)
Je ne tournai mes regards et ma pensée vers (Créuse) perdue, que lorsque....

En poésie, on trouve au lieu de weder — noch, weder ou noch répété. *Ex.*:

Ich bin weder Fräulein, weder schön (*Göthe.*)
Je ne suis ni (demoiselle) noble, ni belle.
Keiner, noch groß, noch klein, entrinnt der Urne (*Klopstock.*)
Aucun, ni grand, ni petit, n'échappe à l'urne fatale.

§ 303.

3. Zwar — aber
 Zwar — allein } à la vérité — mais. *Ex.*:
 Zwar — doch

Die Lehrpoesie trägt zwar allgemeine Wahrheiten vor, aber (*ou* allein) nicht um sie zu lehren; la poésie didactique présente, il est vrai, des vérités générales, mais son but n'est pas de les enseigner.

Er hat es mir zwar versprochen, aber (*ou* allein) ich zweifle, daß er es thun wird; il est vrai qu'il me l'a promis, mais je doute qu'il le fasse.

On peut aussi supprimer zwar et se contenter d'employer aber *ou* allein devant la seconde proposition. *Ex.*:

Der Jüngling ist leichtgläubig; aber er glaubt auch das Gute leicht. (*Gellert.*)
Le jeune homme est crédule; mais il croit aussi très facilement le bien.

Remarque. Allein se met toujours en tête du membre de phrase auquel il appartient; aber peut se construire après d'autres mots.

§ 304.

4. Nicht nur — sondern auch } non seulement....
Nicht allein — sondern auch } ...mais encore.

Nicht nur er, sondern auch sein Bruder; non-seulement lui, mais encore son frère.

Er ist nicht allein unwissend, sondern er haßt auch allen Unterricht; il n'est pas seulement ignorant, mais il déteste encore toute espèce d'instruction.

§ 305.

5. Je — je } plus — plus;
ou je — desto } d'autant plus... que *(quo...eo)*.

Je eher, je lieber *(quo citius, eo libentius)*, le plus tôt possible.

Je mehr man hat, desto mehr will man haben; plus on a, plus on veut avoir.

Ein Kunstwerk ist desto schöner, je vollkommener es ist; un ouvrage de l'art est d'autant plus beau qu'il est plus parfait.

On voit par ces exemples 1° que l'adverbe desto peut se trouver, tantôt dans le premier membre, tantôt dans le second; 2° que je et desto se placent immédiatement devant le comparatif.

CHAPITRE IX.

DES INTERJECTIONS.

§ 306.

Les interjections sont ordinairement suivies d'un substantif ou d'un pronom au nominatif. *Ex.* :

Ach, ich unglücklicher Mann! ah! moi, malheureux!
O, was für ein Glück! oh! quel bonheur!
Ey, der kluge Mann! eh! l'homme prudent!

Cependant, on met quelquefois au génitif ou à l'accusatif, le substantif qui suit l'interjection; mais alors il faut supposer l'ellipse d'un mot qui puisse gouverner ce cas. *Ex.* :

O, der Entzückung! oh! quel enchantement!
O, des klugen Oppius! (*Wieland.*) oh! le prudent Oppius!
O, mich unglücklichen! malheureux que je suis! *mot à mot*, ô moi malheureux!

Quelques adverbes et quelques substantifs allemands, employés comme interjections, sont toujours suivis du datif; ce cas est gouverné par des verbes sous-entendus. *Exemples* :

Wohl mir! que je suis heureux! *mot à mot* bien à moi.
Weh dir! malheur à toi!
Heil dir! salut à toi!

On trouve aussi des interjections suivies de prépositions qui dépendent de verbes supprimés. *Ex.* :

Pfui, über dich Buben! (*Körner.*)
Fi, le vaurien (*m. à m.* fi, sur toi vaurien)!

CHAPITRE X.

DE LA CONSTRUCTION.

La construction allemande est plus libre et plus variée que la construction française; cependant elle a des règles beaucoup plus restreintes que dans les langues grecque et latine.

§ 307.

Règle générale.

Afin que l'idée principale soit complète, au moment où le mot qui l'exprime paraît dans la phrase, on fait toujours précéder ce mot de tous ceux qui ne sont qu'accessoires ou explicatifs.

D'après le même principe, l'ordre des mots accessoires dépend de la modification, plus ou moins importante, qu'ils apportent à l'idée principale.

Ainsi le substantif sera précédé immédiatement de l'adjectif, devant lequel on place le nom de nombre, soit ordinal, soit cardinal; puis, toujours progressivement, l'adjectif pronominal possessif, l'adjectif démonstratif et enfin l'article ou les adjectifs numéraux indéterminés. *Exemple* :

alle diese deine drey schönen Häuser, ces trois belles maisons qui t'appartiennent; *mot à mot*, toutes ces tiennes trois belles maisons.

Si un de ces mots modifiant le substantif était lui-même modifié par d'autres mots, il en serait précédé. *Exemple* :

jener arme, deiner Hülfe bedürftige Mensch; ce malheureux qui a besoin de ton secours; *mot à mot*, ce pauvre de ton secours ayant besoin homme.

Exceptions. Le génitif servant de complément à un substantif se met indifféremment avant ou après. Lorsque le génitif précède, on omet l'article du substantif qui le régit. *Exemple* :

des Königs Macht *ou* die Macht des Königs, le pouvoir du roi.

Si au lieu du génitif, le rapport de dépendance est exprimé par une préposition, la préposition et son complément se mettent après le substantif dont ils dépendent. *Exemple* :

der Kaiser von Österreich, l'empereur d'Autriche.

§ 308.

Le verbe se met à la fin de la proposition, lorsque cette proposition commence par un mot conjonctif, c'est-à-dire, un adjectif conjonctif, un adverbe conjonctif ou une conjonction.

Excepté und, *et;* aber, *mais;* allein, *mais;* sondern,

mais au contraire; denn, *car;* oder, *ou;* entweder—oder, *ou—ou;* weder—noch, *ni—ni;* so wohl—als, *aussi bien—que;* nicht nur—sondern auch, *non-seulement— mais encore. Ex.*:

der Mann, welcher rechtschaffen ist, l'homme qui est honnête ;

als die Zeit nahe war, lorsque le temps approcha.

Cependant on rencontre beaucoup d'exemples contraires à cette règle, qui ne fait que constater l'usage le plus général. Ainsi l'on peut dire :

die Menschen thun besser, daß sie sich willig unterwerfen dem Schicksale, als daß sie meistern die Wege der Vorsehung; les hommes font mieux (qu'ils se soumettent) de se soumettre volontairement au sort, que (qu'ils censurent) de censurer les voies de la providence.

§ 309.

Les mots régis par les verbes adjectifs, servant à compléter l'idée de l'attribut, devraient d'après la règle générale, que nous avons établie au commencement de ce chapitre, précéder cet attribut; mais, comme on ne pourrait renvoyer l'attribut, sans renvoyer en même temps le verbe, qui ne forme qu'un seul mot avec lui, on place à la suite des verbes adjectifs, les substantifs ou pronoms qui leur servent de complément. *Ex.*:

ich besuche meinen Freund, je vais voir mon ami.

Si le verbe a deux complémens, un datif et un accusatif, c'est ordinairement le datif qui précède. *Ex.*:

der Sohn macht seinem Vater Freude, le fils fait plaisir à son père.

Cependant l'accusatif précède le datif 1° lorsque cet accusatif est un pronom personnel ; 2° lorsqu'il est accompagné d'un adjectif pronominal possessif. *Ex.* :

Er hat sein Haus einem Fremden verkauft, il a vendu sa maison à un étranger.

L'accusatif précède encore, lorsque le second régime est au génitif. *Ex.* :

Man hat ihn des Verbrechens überführt, on l'a convaincu du crime.

La préposition qui, avec son complément, sert à déterminer l'action ou l'état exprimé par le verbe, se place après le complément du verbe, à moins qu'elle n'exprime un rapport de temps ou de lieu ; car alors elle peut précéder le complément du verbe, si toutefois ce complément n'est pas un pronom. *Ex.* :

Die Nachtigall singt ihre Lieder, mit melodischer Stimme ; le rossignol chante (ses chants) d'une voix mélodieuse ;

ich fand in Paris einen alten Freund, j'ai trouvé à Paris un ancien ami ;

ich fand ihn in Paris, je l'ai trouvé à Paris.

§ 310.

Dans les temps composés des verbes, le participe ou l'infinitif se sépare du verbe auxiliaire et se met à la fin de la phrase. *Ex.* :

Wir wurden gestern sehr freundschaftlich von ihm bewirthet, il nous a traités hier fort amicalement ; *mot à mot*, nous avons été hier très amicalement par lui traités.

Lorsque plusieurs infinitifs se suivent, c'est toujours le verbe principal qui se renvoie à la fin. *Ex.* :

Ich will ihn schlafen laſſen, je veux le laisser dormir ; *mot à mot*, je veux le dormir laisser.

Dans cette phrase, le verbe principal est laſſen, et schlafen n'en est qu'une dépendance.

Cependant, lorsqu'au complément de l'infinitif se rapporte une proposition accessoire, cette proposition se place ordinairement après l'infinitif. *Ex.* :

Einen Mann verklagen, der unschuldig iſt ; accuser un homme qui est innocent.

§ 311.

Le sujet se place ordinairement avant son verbe. *Ex.*: Ich liebe meinen Vater, j'aime mon père.

Exceptions. Le sujet se place après le verbe

1° Dans les phrases interrogatives et dans les exclamations. *Ex.* :

Haben Sie den König geſehen? avez-vous vu le roi?

Cependant, lorsque le sujet est accompagné d'un pronom interrogatif, on le laisse devant son verbe.

2° Dans les propositions qui commencent par le pronom indéfini es ; alors le sujet se place non-seulement après le verbe, mais encore après les mots qui en dépendent. *Ex.* :

Es blitzen die fernen Gebirge von Waffen *(Kleist)*, les montagnes lointaines étincellent de l'éclat des armes ;

es kam heute ein Courier, il est venu un courier aujourd'hui.

3° Toutes les fois que la phrase commence par un autre mot que le sujet. *Ex.* :

Heute ist meine Mutter gestorben, ma mère est morte aujourd'hui; *m. à m.*, aujourd'hui est ma mère morte.

On voit par cet exemple, que, dans les temps composés, c'est l'auxiliaire seul qui est regardé comme le verbe du sujet, et qu'on se conforme toujours à la règle établie plus haut (§ 310).

4° Dans les propositions antécédentes, qui se trouvent renvoyées après la proposition conséquente, et dans les phrases conditionnelles, où wenn se trouve sous-entendu. *Ex.* :

Daß er heute noch ankommen wird, weiß ich gewiß; je suis sûr qu'il arrivera encore aujourd'hui.

Kommt er nach Hause, so will ich es ihm sagen; s'il vient à la maison, je le lui dirai.

DE L'ORTHOGRAPHE.

§ 312.

Règle I. On emploie des lettres majuscules

1° Au commencement des propositions;

2° Au commencement des vers;

3° A la tête de tous les substantifs et de tous les mots employés substantivement. *Ex.* :

Der Mann, l'homme; Karl, Charles; der Weise, le sage (*nominat. de l'adjectif* weise, sage); das Hoffen, l'espoir (*infinitif de* hoffen, espérer).

4° A la tête des pronoms de la troisième personne du pluriel, lorsqu'ils sont employés par politesse. *Ex.*: Erlauben Sie, gnädige Frau; permettez, madame.

§ 313.

Règle II. Dans les mots variables, les voyelles brèves sont ordinairement suivies d'une consonne redoublée, et les voyelles longues, d'une consonne simple.

Ainsi, dans les mots variables, lorsqu'une voyelle longue, suivie d'une seule consonne, s'abrège, on redouble la consonne. *Ex.* :

Reiten, monter à cheval (ei *long*); ich ritt, je montais à cheval (i *bref*).

Au contraire, lorsqu'une voyelle brève, suivie d'une consonne redoublée, s'allonge, on retranche l'une des deux consonnes. *Ex.* :

Kommen, venir (o *bref*); ich kam, je venais (a *long*).

Exception. On ne redouble jamais les lettres simples en prononciation et composées en figure, comme ch, sch.

Remarque 1. La règle que nous venons d'établir ne s'applique pas aux mots invariables; ainsi l'on écrit in, *dans*, man, *on*, par une seule n, quoique l'i et l'a soient brefs.

Remarque 2. Le double k est représenté par ck, le double z par tz.

Nous ne répéterons pas ici ce que nous avons dit au sujet de l'emploi des lettres doubles ff et ß, et des occasions où elles se remplacent l'une l'autre. (*Voy.* Chap. des lettres, § 5.)

§ 314.

Règle III. Les mots dérivés doivent conserver en général les lettres radicales du primitif, sauf certaines modifications dont il a été parlé plus haut (§ 167-169).

Ainsi nämlich, *c'est-à-dire, nommément*, conserve les lettres radicales de Namen, *nom*, d'où il dérive; dans göttlich, *divin*, on retrouve Gott, Dieu.

§ 315.

Règle IV. Les mots étrangers, reçus en allemand, conservent, autant que possible, leur orthographe primitive. Ainsi l'on écrit : Journal, *journal;* Bouteille, *bouteille;* et on conserve à ces mots leur prononciation française. Cependant, dans les mots déclinables, on est quelquefois obligé de redoubler la consonne, pour ne pas s'écarter de la règle II. Ainsi l'on écrit Ballett, et non pas Ballet, *ballet;* Banquett, et non pas Banquet, *banquet.*

Pour la manière de germaniser par le moyen des terminaisons certains mots étrangers, *voyez Supplément*, § 121 et 162.

Nota. Nous n'entrerons ici dans aucune discussion au sujet de l'orthographe douteuse de quelques mots. Toutes les fois que les règles que nous venons d'établir ne pourront résoudre la difficulté, il faut s'en rapporter à l'usage le plus généralement reçu.

PONCTUATION.

Les Allemands emploient leurs signes de ponctuation à-peu-près comme les Français. Nous n'aurons à remarquer ici que quelques différences peu essentielles.

§ 316.

1° La virgule est d'un emploi plus fréquent qu'en français; elle sert à distinguer les uns des autres les divers membres d'une proposition, soit dépendans soit incidens; lors même que la liaison paraît intime, et qu'on ne peut les séparer, sans laisser le sens incomplet. *Exemple* :

Ich wünschte, daß es so wäre; je souhaiterais qu'il en fût ainsi;
ich hoffe, er werde bald kommen; j'espère qu'il viendra bientôt;
ich nehme das Geld, dessen ich bedarf; je prends l'argent dont j'ai besoin;
der Staat, welcher gute Gesetze hat, ist glücklich; l'état, qui a de bonnes lois, est heureux.

§ 317.

2° Le trait-de réflexion (Gedankenstrich) (—), tient la place des points suspensifs .... Il sert à indiquer que le sens n'est pas achevé, que les paroles sont entrecoupées, à attirer l'attention sur le mot, sur l'idée qui suit; quelquefois aussi il s'emploie comme une espèce de parenthèse, quand une phrase est coupée par une proposition incidente d'une certaine longueur. *Ex.* :

Hilft diese Kur nicht, so — hier zuckte der Arzt die Achsel. (*Lessing.*)

Si ce remède est sans effet, alors... ici le médecin haussa les épaules;

wir horchen — wir hoffen — zittern — wagen es nicht zu fragen — (*Iffland.*)

Nous écoutons.... nous espérons..... nous tremblons.... nous n'osons questionner;

indessen will er den Bogen versuchen, er spannt, und der Bogen — zerbricht. (*Lessing.*)

Cependant il veut essayer l'arc, il le tend, et l'arc.... se brise;

ich dank's ihm, daß ich das glücklichste Weib bin — hier glänzten Thränen in ihren Augen — das Weib seines Sohns. (*Gessner.*)

Je lui dois d'être la plus heureuse des femmes (des larmes brillèrent dans ses yeux), la femme de son fils.

§ 318.

Aposthrophe.

L'apostrophe tient lieu d'une voyelle retranchée; mais on ne l'emploie que lorsque la voyelle fait nécessairement partie du mot, et que l'usage n'autorise pas à la supprimer, sans en laisser de traces.

Ainsi l'on dira sans apostrophe : Dorfs pour Dorfes, gén. de Dorf, *bourg.*

Heut ist schön Wetter (pour heute ist, ꝛc.), *il fait aujourd'hui beau temps*, parce qu'ici l'e n'est retranché que pour éviter l'hiatus, et que sa suppression ne défigure pas le mot.

Cependant il est quelques grammairiens qui proposent de conserver l'apostrophe dans ce dernier cas.

Mais dans les vers suivans, l'apostrophe est nécessaire :

> Ach! ich sah den Himmel offen,
> Und der Sel'gen Angesicht! (*Schiller*.)
> (Sel'gen pour Seligen);

j'ai vu les cieux ouverts, et la face des bienheureux.

Pour la suppression de l'e du pronom es, les uns l'indiquent par l'apostrophe, les autres joignent simplement l's au mot qui précède. *Ex.* :

Wie geht's *ou* wie gehts (*pour* wie geht es)? comment cela va-t-il?

DE L'ACCENT TONIQUE.

§ 319.

Dans tout mot de plusieurs syllabes, il y en a toujours une sur laquelle on appuie plus fortement que sur les autres. Cette élévation de la voix s'appelle accent tonique.

L'impression et l'écriture allemande n'ont aucun signe pour marquer l'accent tonique. Il est donc essentiel d'établir quelques règles qui puissent servir à le distinguer. L'usage pourra seul suppléer à ce qu'il y aura d'incomplet dans ces principes.

§ 320.

Règle 1. C'est sur la syllabe radicale, et non sur les

terminaisons ou sur les avant-syllabes, que repose l'accent tonique.

Exemple : dans Bediente, *domestique*, l'accent porte sur la syllabe radicale dien et non sur la particule be, ni sur la terminaison te; dans versorgen, *soigner*, l'accent porte sur sorg et non sur l'avant-syllabe ver, ni sur la terminaison en.

Exceptions. Dans les substantifs qui prennent la terminaison ey, ce n'est plus la syllabe radicale, mais la syllabe ey, qui reçoit l'accent tonique. *Ex.* :

Schmeicheley, flatterie; Heucheley, hypocrisie.

Le mot lebendig, *vivant*, fait encore exception à cette règle, et reçoit l'accent, non sur la syllabe radicale leb, mais sur la syllabe accessoire end.

Enfin, lorsqu'on a dessein d'appuyer particulièrement sur l'idée accessoire, indiquée par une des avant-syllabes ou par une des terminaisons, la syllabe radicale perd l'accent, qui retombe sur la syllabe qu'on veut faire ressortir *Ex.* :

Man hat ihn nicht geschlagen, sondern erschlagen, on ne l'a pas battu, mais assommé.

Dans cet exemple, l'accent repose sur les syllabes ge et er; car on veut surtout faire ressortir la différence qui existe entre les mots *battu* et *assommé*, et qui est marquée par ge et er.

Remarque. Les mots dérivés d'une langue étrangère, conservent l'accent sur la syllabe qui le reçoit dans la langue d'où ils sont tirés. *Ex.* :

Dans les mots Soldat, *soldat;* Elephant, *éléphant,*

l'accent tonique est comme en français sur la dernière syllabe.

Dans les mots Alkove, *alcôve;* Katholik, *catholique,* il se place sur les voyelles o et i, qui en français précèdent l'*e* muet final.

Il faut excepter de cette règle les mots dérivés en or, comme Professor, *professeur,* qui prennent l'accent sur la pénultième au singulier; et qui donnent à la terminaison or un son très muet.

Au pluriel, c'est l'o qui reprend l'accent. *Ex.* :

die Professoren.

§ 321.

Règle II. Dans les mots composés, c'est la syllabe radicale du mot déterminant qui prend l'accent tonique; et, comme l'idée déterminante précède toujours c'est sur la syllabe radicale du premier mot que repose l'accent tonique :

Ainsi dans Hauptwort, *substantif,* l'accent est sur Haupt;

dans Redetheil, *partie du discours,* l'accent est sur Red;

dans ausgehen, *sortir;* hingehen, *y aller,* l'accent est sur aus et sur hin.

Exception. Dans les verbes composés inséparables, c'est la syllabe radicale du verbe, et non la préposition ou l'adverbe, qui reçoit l'acccent; parce qu'alors l'idée accessoire et l'idée principale se confondent entièrement et que l'adverbe ou la préposition deviennent absolument semblables aux avant-syllabes qui modifient les verbes dérivés.

Ainsi dans umfahren (inséparable), *faire le tour de*, l'accent est sur fahren, et non sur um; tandis que dans umfahren (séparable), *renverser en menant une voiture*, l'accent est sur um.

§ 322.

L'accent oratoire est le même, en allemand, que dans toutes les autres langues, et on relève toujours, par la prononciation, le mot qui exprime l'idée principale, et sur lequel on veut surtout exciter l'attention.

DE LA VERSIFICATION.

Comme les élèves, auxquels cette grammaire est destinée, ont déjà entre les mains quelques-uns des chefs-d'œuvre de notre poésie, et qu'ils sont sur le point d'être initiés aux règles de la versification latine, nous avons cru qu'il ne serait pas inutile de leur donner quelques notions sur la versification allemande, qui a beaucoup de rapports avec celle des langues savantes, et qui, en même temps, se rapproche en quelques points de la nôtre.

I. DE LA QUANTITÉ DES SYLLABES.

§ 323.

En général, c'est l'accent tonique qui détermine la longueur et la brièveté des syllabes. Celles qui reçoivent l'accent sont longues; celles qui ne sont pas accentuées sont brèves. On voit par là, que les sons aigus peuvent être longs, aussi bien que les sons ouverts.

§ 324.

Règles générales. A. Les syllabes radicales sont longues, les syllabes accessoires sont brèves.

B. La quantité des syllabes varie, suivant l'importance de l'idée qu'elles expriment.

C. Souvent la quantité des monosyllabes dépend de leur liaison avec d'autres mots.

§ 325.

A et B.

1° Les mots primitifs sont longs. *Ex.* :
Jahr, année; Mann, homme; sing, chante.

2° Dans les mots de plusieurs syllabes, la syllabe radicale est longue. *Ex.* :
Lieben, aimer; Männer, hommes; verständig, sensé.

3° Les terminaisons, les avant-syllabes, les arrière-syllabes sont brèves, comme dans verehren, *révérer;* entwischen, *échapper.*

Exceptions. Les substantifs féminins en inn font cette arrière-syllabe longue au pluriel: *Ex.* :

Prinzessinnen, princesses.

La terminaison ey est longue dans les substantifs dérivés en ey. *Ex.* :

Heucheley, hypocrisie; Raserey, rage.

Dans le mot lebendig, *vivant*, la syllabe radicale leb est brève, et la syllabe accessoire end devient longue.

La syllabe initiale vor est presque toujours longue. *Exemple* :

Vorzug, préférence ; Vorwurf, reproche. (*V. même* § 4°).

On considère comme douteuses les arrière-syllabes bar, haft, heit, inn, lein, ling, niß, sal, sam, schaft, thum, ung.

4° Dans les mots composés de deux syllabes, c'est le mot principal ou déterminant qui est long. *Ex.* :

Handschuh, gant ; Standpunkt, station.

Comme la préposition contient assez fréquemment l'idée principale, elle devient souvent longue, au préjudice du substantif ou du verbe auquel elle est jointe. *Ex.*:

Der Ausgang, la sortie ; der Vorschlag, la proposition.

§ 326.

B. et C.

Les monosyllabes sont longs ou brefs, suivant les mots auxquels ils sont joints. Ici encore c'est l'importance des idées qui détermine la quantité.

Le substantif est long, quels que soient les mots auxquels il se trouve joint. *Ex.* :

Mein Sohn ist gut, mon fils est bon.

L'adjectif et l'adverbe de qualité sont brefs à côté du substantif, et longs auprès de tous les autres mots. *Ex.* :

Gut ist mein Sohn.
Schön spricht die Frau, cette femme parle bien.

Après ces mots, le plus important est le verbe adjectif, ensuite l'adverbe de temps et de lieu, le verbe auxiliaire, la conjonction, le pronom, la préposition et enfin l'article, qui, quoique bref devant toutes les autres espèces de mots, devient cependant long devant les syllabes initiales be, ge, er, ent, etc. *Ex.* :

Das Geschlecht, la race ; der Gedanke, la pensée.

II. DES PIEDS.

§ 327.

Les Allemands comptent le même nombre de pieds que les Grecs et les Latins. Nous ne parlerons que des plus usités.

I. PIEDS DE DEUX SYLLABES.

1° Le Trochée — ◡ Menschen, *hommes ;* ewig, *éternel.*

2° L'Iambe ◡ — geliebt, *aimé ;* Verstand, *entendement.*

3° Le Spondée — — Laufbahn, *carrière.*

4° Le Pyrrhique ◡ ◡ besseres, mehrere.

Le Spondée et le Pyrrhique sont rarement employés dans la versification allemande.

II. PIEDS DE TROIS SYLLABES.

1° Le Dactyle — ◡ ◡ andere, *d'autres ;* Könige, *rois.*

2° L'Anapeste ◡ ◡ — überaus, *extrêmement ;* unverhofft, *d'une manière inespérée.*

3° L'Amphibraque ◡ — ◡ Vergnügen, *plaisir*.

III. PIEDS DE QUATRE SYLLABES.

1° Le Choriambe — ◡ ◡ — wonneberauscht, *enivré de délices*.

Ce pied, ainsi que les autres de quatre syllabes, ne paraissent que dans la haute poésie.

III. DES VERS.

Les vers tirent leur nom du pied qui y domine.

Les principales espèces de vers allemands sont les iambiques, les trochaïques, les dactyliques.

Ces diverses espèces de vers peuvent avoir de deux jusqu'à six, et même quelquefois huit pieds.

§ 328.

I. Parmi les vers iambiqués, les plus usités sont les iambiques de six pieds, que l'on nomme alexandrins, lorsqu'ils sont rimés. *Ex.* :

Genug, es ist ein Gott. Es ruft es die Natur;
Der ganze Bau der Welt zeigt seiner Hände Spur;
Der unermeßne Raum, in dessen lichten Höhen
Sich tausend Welten drehn, und tausend Sonnen stehen.
(Haller.)

La césure de ces iambiques rimés est à l'hémistiche, comme celle de nos alexandrins français :

Genug, es ist ein Gott. || Es ruft es die Natur;
Der ganze Bau der Welt || zeigt seiner Hände Spur.

§ 329.

II. Parmi les dactyliques, l'hexamètre est consacré au poème épique, et l'hexamètre suivi d'un pentamètre, c'est-à-dire le distique, à la poésie élégiaque. Ces vers sont empruntés à la poésie des Grecs et des Latins, et soumis aux mêmes règles que chez les anciens. Seulement le trochée peut y remplacer le dactyle.

1. *Hexamètre.*

Sing un|sterbliche | Seele der | sündigen | Menschen er|lösung,
Die der Messias auf Erden in seiner Menschheit vollendet,
Und durch die er Adams Geschlecht zu der Liebe der Gottheit,
Leidend, getödtet, und verherrlichet, wieder erhöht hat.

(KLOPSTOCK. *Messiade*, I. 1.)

Waffen ertönt mein Gesang, und den Mann, der vom Troergefild einst
Kam, durch Schicksal verbannt, gen Italia, und an Lavinums
Wogenden Strand.

(Voss. *Enéide*, I. 1.)

2. *Distique.*

Dann, dann | wein ich um | dich, mein | ganzes | übri|ges | Leben,

Jeden | schleichenden | Tag, | jede | schreckliche | Nacht.

On voit, par cet exemple, que, dans le pentamètre, comme dans l'hexamètre, le trochée peut remplacer le dactyle :

| ganzes | ... jeden | ... jede | ...

Cependant le pentamètre ne peut admettre le trochée qu'au premier pied de chaque hémistiche, et il faut qu'on puisse le scander de manière à trouver un choriambe au second et au dernier pied.

Jeden | schleichenden Tag | jede | schreckliche Nacht | .

§ 330.

III. Dans la poésie lyrique, on trouve les mêmes espèces de vers que chez les poètes de l'antiquité. Les plus usités sont l'alcaïque, le saphique et l'adonique, l'asclépiade ou choriambique, etc., qui ont donné leur nom aux strophes qu'ils servent à former. Du reste les poètes allemands ont une grande liberté pour la composition des strophes. Les exemples suivans pourront servir à en donner une idée :

Wenn die Strahlen vor der Dämmrung nun entfliehn
                      und der Abendstern
Die sanfteren, entwölkten, die erfrischenden Schimmer nun
Nieder zu dem Haine der Barden senkt,
Und melodisch in dem Hain die Quell' ihm ertönt....

(*Klopstock*, Thuiskon.)

Töne mir, Harfe des Palmenhains,
Der Lieder Gespielinn, die David sang!
Es erhebt steigender sich Sions Lied,
Wie des Quells, welcher des Hufs Stampfen entscholl.

(*Klopstock*, Siona.)

IV. DE LA RIME.

§ 331.

On voit, par la plupart des exemples qui précèdent, que les vers allemands peuvent se passer de la rime. Cependant elle sert à augmenter l'harmonie de quelques espèces de vers, et on l'emploie volontiers, principalement dans les iambiques et dans les trochaïques purs.

La rime est surtout heureuse, lorsque les mots, qui forment la consonnance, offrent une sorte d'opposition ou de convenance dans les idées; comme Krieg, *guerre*, et Sieg, *victoire*; Eis, *glace*, et heiß, *chaud*, etc.

Il y a deux espèces de rimes, les masculines et les féminines.

1° La rime est masculine, lorsque la consonnance ne porte que sur la dernière syllabe des vers. *Ex.*:

Sinn — Gewinn; Zeit — Ewigkeit.

2° On appelle rime féminine la consonnance des deux dernières syllabes. *Ex.*:

Leben — geben, sterben — enterben, schweigen — neigen.

La rime est riche, lorsque le rapport des sons est entier, non-seulement pour les voyelles, mais encore pour les consonnes. *Ex.* :

Spiele, *dat. de* Spiel, jeu — spiele, *impératif de* spielen, jouer; Würde, dignité — (ich) würde, (que je) devinsse.

Les allemands comptent encore une troisième espèce de rimes, qu'ils appellent gleitende (glissantes), et qui consistent dans la consonnance des trois dernières syllabes. *Exemple* :

Kühlenden — fühlenden, lächelte — fächelte.

Les rimes masculines peuvent s'employer seules. *Ex.*:

Das Auge sprüht,
Die Wange glüht,
Es wogt die Brust
In trunkner Lust.
Der schönen frohen Jugend Zeit,
Der sey dies volle Glas geweiht.
(*Körner*, Weinlied.)

Les rimes féminines ne s'emploient ordinairement que mélangées avec des rimes masculines. *Ex.* :

Schlummre sanft! — Nah an dem Mutterherzen,
Fühlst du nicht des Lebens Qual und Lust.
Deine Träume kennen keine Schmerzen,
Deine Welt ist deiner Mutter Brust.
(*Körner*, Wiegenlied.)

Grüner wird die Au,
Und der Himmel blau;
Schwalben kehren wieder,
Und die Erstlingslieder

Kleiner Vögelein
Zwitschern durch den Hain.
(*Hölty*, Maylied.)

Les rimes se croisent surtout avec harmonie, lorsque deux rimes féminines sont enfermées entre deux rimes masculines, ou que deux rimes masculines sont enfermées entre deux rimes féminines. *Ex.* :

Arion war der Töne Meister,
Die Cither lebt' in seiner Hand;
Damit ergötzt er alle Geister,
Und gern empfing ihn jedes Land.
Er schiffte goldbeladen
Jetzt von Tarents Gestaden,
Zum schönen Hellas heimgewandt.
(*A. W. Schlegel*, Arion.)

TABLE ALPHABÉTIQUE

DES MATIÈRES.

Accent tonique, p. 274.
Accusatif, complément des verbes actifs, p. 210;
— des prépositions, p. 226; joint aux interjections, p. 263.
Actifs (verbes), p. 52.
Adjectif, p. 23; quand invariable, *ib.* et 182; déclinaison de l', p. 23.
— indicatif ou démonstratif, p. 33; son emploi, p. 189.
— conjonctif ou relatif, p. 35; son emploi, p. 195.
— interrogatif, p. 36; son emploi, p. 200.
— pronominal possessif, p. 38; son emploi, p. 206.
Adjectifs dérivés, p. 150; — composés, p. 152; accord des —, p. 182; régime des —, p. 185; — qui gouvernent le génitif, *ib.*; — le datif, 186.

Alphabet allemand, p. 1.

Altération du radical des verbes irréguliers, p. 71; — des voyelles, *ib.*, a 72, au 74, ä 76, e *ib.*, ei 84, i 88, ie 94, o 96, ö 98, u *ib.*, ü *ib.*; — des consonnes, p. 102.

Apostrophe, p. 273.

Apposition, p. 180.

Arrière-syllabes, p. 136 et 150.

Article, p. 8; déclinaison de l'— défini, *ib.*; — indéfini, p. 9; emploi de l'— défini, p. 176; — indéfini, p. 179.

Attribut, p. 23 et 182.

Avant-syllabes, p. 129.

Cas, p. 8.

Comparatifs et superlatifs, p. 27; leur emploi, p. 187.

Composés (substantifs), p. 141.

— (adjectifs), p. 152.

— (verbes), p. 106.

Complément (ou régime) des adjectifs, p. 185; — direct, p. 210; — indirect; p. 211; — des prépositions, p. 224.

Conditionnel, p. 62; son emploi, p. 220.

Conjonctifs ou relatifs (adjectifs), p. 35; leur emploi, p. 195.

Conjonctions, p. 124; emploi des —, p. 255; — simples, p. 256; — composées. p. 259; — corrélatives, p. 260.

Conjugaison des verbes auxiliaires seyn, p. 43; haben, p. 45; werden, p. 49; — des verbes actifs, p. 52. — réfléchis, 55; — passifs, p. 63; — neutres, p. 67; composés, p. 108.

Consonnes, p. 5; — composées, p. 6.

Construction, ses règles, p. 264.

Datif régi par les adjectifs, p. 186; — par les verbes, p. 211; — par les prépositions, p. 225 et 226.

Déclinaison du nom substantif, p. 10; première —, p. 11; seconde —, p. 14; troisième —, p. 15; — des noms propres, p. 132.

Désinences de l'article, p. 9; — des substantifs, p. 22; — des verbes, p. 63; verbes qui n'altèrent que la — du présent de l'indicatif, p. 106.

Diphthongues, p. 4.

Elision, p. 204 et 273.

Ellipse des prépositions, p. 253.

Formation des temps, p. 57.

Futur, p. 61.

Ge avant-syllabe des participes passés, p. 58.

Génitif régi par les adjectifs, p. 185; — par les verbes, p. 212; — par les prépositions, p. 224, 226.

Genres, p. 7; — des substantifs, p. 146.

Imparfait de l'indicatif, p. 60; son emploi, p. 217; — du subjonctif, p. 61 et 220; — dans les verbes irréguliers, p. 174.

Impératif, p. 62; impératifs composés, p. 221.

Impersonnels (verbes appelés), p. 203 et 223.

Indéclinables (noms), p. 15, 133.

Indicatif, p. 60; son emploi, p. 216.

Infinitif, p. 58; comment il se lie au verbe dont il est le complément, p. 213; employé substantivement, p. 214.

Interjections, p. 125; leur emploi, p. 263.

Interrogatifs (adjectifs), p. 36; leur emploi; p. 200.

Interrogation (adverbes d'), p. 121.

Irréguliers (verbes), p. 70, 165, 174.

Liste alphabétique des verbes neutres qui se conjuguent avec haben, p. 155; — avec haben et seyn, p. 162.

Liste alphabétique des verbes irréguliers, p. 165.

Modes, p. 41; emploi des —, 214.

Mots ou parties du discours, p. 7.

Négations, p. 122.

Nombres, p. 7.

Noms substantifs, p. 10, 180.

— propres, p. 132.

— de nombre, p. 29; leur emploi, p. 188.

Orthographe, p. 269.

Parfait, p. 61, 217; — du subjonctif, p. 62.

Participe, p. 58; emploi du — présent, p. 214; — passé, p. 215.

Particules inséparables, p. 129.

Passif, p. 63, 223.

Personnes, p. 37, 201.

Pieds, p. 280.

Pluriel des noms substantifs, p. 15, 172.

Plusqueparfait, p. 61, 62; son emploi, p. 219, 220.

Ponctuation, p. 272.

Possessifs (adjectifs pronominaux), p. 38; leur emploi, 206.

Prépositions, p. 111; — simples, *ib.*; — dérivées ou composées, 112; — dans les verbes composés, 126; — à un seul cas, 224; — à deux cas, 226; emploi des —, 227; an, p. 228; anstatt, 229; auf, *ib.*; aus, 231; außer, 232; bey, *ib.*; durch, 233; für, 234; gegen, *ib.*; halben, 235; hinter, 236; in, *ib.*; mit, 237; nach, 239; neben, 240; nebst, *ib.*; ohne, *ib.*; seit, 241; sondern, 242; über, *ib.*; um, 244; um-willen, 245; ungeachtet, 246; unter, *ib.*; von, 247; vor, 249; wegen, 250; zu, 251, zuwider, 253; ellipse des — *ib.*

Présent de l'indicatif, p. 60; son emploi, 216.
Pronoms, p. 37; leur emploi, 201.
Prononciation, p. 3.
Quantité des syllabes, p. 277.
Radical et terminaison, p. 57.
Régime, *voy.* complément.
Résumés, p. 22, 40, 63, 100.
Rime, p. 284.
Subjonctif, p. 61; son emploi, p. 219.
Substantifs, p. 10, 132; — dérivés, p. 135; — composés, p. 141; genre des —; p. 146; accord des —, p. 180; régime des —, p. 181.
Superlatifs, p. 27; régime des —, p. 187.
Syllabes: avant —, p. 129; arrière —, p. 136, 150; quantité des —; 277.
Tableau résumé de la déclinaison des substantifs, p. 22; — des terminaisons des temps simples des verbes irréguliers, p. 63; — des altérations de la voyelle principale du radical, p. 100.
Temps des verbes, p. 42; — composés, p. 42, 221.
Verbes, p. 41; — auxiliaires, p. 42; — attributifs réguliers, p. 52: — actifs, *ib.*; — passifs, p. 63; neutres, p. 67, 154; liste de ceux qui se conjuguent avec haben, p. 155; — soit avec seyn, soit avec haben, p. 162; — irréguliers, p. 70, 165; — qui altèrent le radical sans altérer la terminaison, p. 105; — composés, p. 106; — dérivés, 153; accord du — avec son sujet, p. 208; régime des —, 210; — qui régissent l'accusatif, *ib.*; — deux accusatifs, *ib.*; — le datif, p. 211; — le génitif, p. 212; observation sur les verbes passifs, p. 223.
Vers, p. 281.

Versification, p. 277.

Voyelles, p. 3; — a, o, u changées en ä, ö, ü, p. 17 dans les mots dérivés, *ib.*; au pluriel des substantifs p. 172; à l'imparfait du subjonctif et au présent de l'indicatif des verbes irréguliers, p.

www.ingramcontent.com/pod-product-compliance
Lightning Source LLC
Chambersburg PA
CBHW071525160426
43196CB00010B/1654